Mystiker, Exzentriker, Märtyrer

P. Eberhard von Gemmingen SJ

MYSTIKER, EXZENTRIKER, MÄRTYRER

Geistliche Spaziergänge in Rom

SCHNELL + STEINER

INHALT

VORWORT · 6
1. MADONNA DELLA STRADA – *Wandernde Christen* · · · · · · · 9
2. IGNATIUS VON LOYOLA – *Bettelnder Reformer* · · · · · · · · 12
3. SANTA MARIA IN TRASTEVERE – *Göttliches Brautpaar* · · · · · 17
4. DIE HEILIGEN FRANZISKUS UND DOMINIKUS –
   Wettlauf in Demut · · · · · · · · · · · · · · · · · · · 22
5. BASILIKA SANKT PETER – *Päpstliche Kaiserkrönung* · · · · · · 27
6. PAPST JOHANNES XXIII. – *Lächelnder Reformer* · · · · · · · · 30
7. VERONIKA – *Brausende Stürmerin* · · · · · · · · · · · · · 34
8. IGNATIUS VON LOYOLA – *Meeting mit Martin Luther* · · · · · 37
9. MUTTER TERESA VON KALKUTTA – *Soziales Weltmodell* · · · · 44
10. GALILEO GALILEI UND DIE KIRCHE –
    Wissenschaftsfeindliche Kirche · · · · · · · · · · · · · · 48
11. AUGUSTINUS – *Wozu geschlechtliche Liebe?* · · · · · · · · · 53
12. EDITH STEIN – *Päpstliche Judenrettung* · · · · · · · · · · 60
13. DIETRICH BONHOEFFER – *Evangelischer Romfreund und Märtyrer* 69
14. KARDINAL JOHN HENRY NEWMAN – *Britisches Erdbeben* · · · 75
15. BENEDIKT JOSEPH LABRE – *Patron der Menschen auf der Straße* 81
16. KARL RAHNER – *Ringender Gottsucher* · · · · · · · · · · · 85
17. GOETHE IN ROM – *Langweilige Papstmesse* · · · · · · · · · 90
18. KATHARINA VON SIENA – *Politische Frauen-Power* · · · · · · 95
19. FRÈRE ROGER SCHÜTZ VON TAIZÉ –
    Evangelischer Katholik · · · · · · · · · · · · · · · · · 102
20. BIRGITTA VON SCHWEDEN – *Unzeitgemäßer Feminismus* · · 108
21. JOHANNES PAUL II. UND PEDRO ARRUPE –
    Zwei Heilige im Streit · · · · · · · · · · · · · · · · · 113
22. MOSES – *Schöpfer eines Kulturgutes* · · · · · · · · · · · 123
23. THÉRÈSE VON LISIEUX – *Ein Fremdkörper von einem
    anderen Stern* · 127

24. PETRUS CANISIUS – *Reformator Deutschlands* · · · · · · 132
25. SAN ONOFRIO – *Eine Einsiedelei auf dem
    Gianicolo-Hügel* · 138
26. CAMPO SANTO TEUTONICO – *Der deutsche Friedhof
    im Vatikan* · 142
27. »SALUS POPULI ROMANI« – *Betende Päpste* · · · · · · · 149
28. PHILIPP NERI – *Schwebender Heiliger* · · · · · · · · · · · 153
29. TERESA VON AVILA – *Mystikerin auf dem Ochsenkarren* · · · 157
30. STANISLAUS KOSTKA – *der polnische Fußmarschierer* · · · · 162
31. GARIBALDI – *Streitbarer Papstgegner* · · · · · · · · · · · 167
32. RAFFAEL – *Pfingstlicher Rosenregen* · · · · · · · · · · · 171
33. DER MALER CARAVAGGIO – *Leuchtende Schatten* · · · · · 175
34. HELENA – *Reliquiensuche im Heiligen Land* · · · · · · · 180
35. KIRCHE »QUO VADIS« – *Petrus auf der Flucht* · · · · · · 184
36. SAN SEBASTIANO – *Von Pfeilen getroffener Bekenner* · · · · 190
37. SANKT PAUL VOR DEN MAUERN – *Kniender Papst* · · · · · 197
38. HERMINE SPEIER – *Konvertierte Jüdin* · · · · · · · · · · 201
39. DIE KIRCHEN VON TRE FONTANE – *Nahöstlicher Kulturpräger* 205
40. BASILIKA SANTA SABINA – *Eine der ältesten
    Kreuzigungsdarstellungen der Welt* · · · · · · · · · · · · · 210
41. SAN ANDREA DELLE FRATTE – *Ein Jude wird Christ* · · · · · 214
42. SAN GIUSEPPE – *Unprofessionelle Schreiner* · · · · · · · 221
43. DIE MÄRTYRER DES 20. UND 21. JAHRHUNDERTS –
    Weltweite Blutzeugen · 224
44. SANTA PRASSEDE – *Die Geißelsäule Christi* · · · · · · · · 229

WAS NEHMEN WIR AUS ROM MIT? · · · · · · · · · · · · · · 234
Anmerkungen · 236
Abbildungsnachweis · 239

VORWORT

Verehrte, liebe Romfreunde,
wollen Sie mit mir in Rom Ihr geistliches Leben auf Vordermann bringen? Wollen Sie dort exotische Christen, fliegende Heilige, Kirchenkritiker und Visionärinnen entdecken? Glauben Sie, dass man in Rom seinen Glauben nicht nur verlieren, sondern auch neu finden kann? Dann kommen Sie mit!

Romreisen sind seit Jahrhunderten der Traum vieler Christen rund um den Globus. Deutsche, Österreicher und Schweizer gehen aber besonders gerne nach Rom. Dort scheint die Sonne, dort isst man Spaghetti und Lasagne, schwimmt man im Kunstgenuss. Meist geht man auf Kultur- und Erholungsfahrten.

Jahrhunderte hindurch waren es aber auch Pilgerreisen. Nach wochenlangen Fußmärschen kamen die Pilger erschöpft an die Gräber der Märtyrer und vieler anderer Heiliger, um dort zu beten. Sie erhofften sich den Segen Gottes, Gnaden für sich und ihre Familien, Nachlass der Sünden. Leider kam dann auch die Volksmeinung auf, durch die Pilgerreise einen Sündennachlass zu erhalten. Richtig wäre die Überzeugung, dass sie durch den Bußgang den Nachlass der Strafen für die Sünden erhielten. Dieser Irrtum veranlasste Martin Luther, daran zu erinnern, dass es den Christen um den Glauben an Gott gehe und nicht um Verdienste durch Fußmärsche. Ich hoffe, mit meinen Wanderungen auf römischem Pflaster auch evangelische Christen ansprechen zu können.

In diesem Büchlein möchte ich Romfreunden und -freundinnen helfen, geistliche, theologische und kulturelle Schätze des Christentums in Rom zu entdecken – vor allem, wenn sie nicht nach Rom fahren können, sondern zuhause bleiben müssen. Ich denke auch an ältere Menschen, die nicht einfach in den Zug oder das Flugzeug steigen können, aber Lust und Zeit haben, im Geist durch Rom zu pilgern. Ich schließe auch nicht aus, dass mein Buch ein Geschenk sein könnte für Menschen, die sich an Rom erinnern, aber in ihren vier Wänden bleiben müssen und nur ihr Herz nach Rom schicken, um dort geistlichen Gewinn zu machen, den Glauben zu stärken und den Alltag zu vergessen.

Ich selbst habe 27 Jahre in Rom gelebt, da ich bei Radio Vatikan gearbeitet habe. Daher war es für mich einfach, viele spirituelle Orte und viele außergewöhnliche Christinnen und Christen auszumachen. Mit diesen möchte ich die Leser bekannt machen. Ich möchte ihnen etwas über diese Personen und den Ort, wo wir sie finden, erklären. Und dann können wir vielleicht sogar noch miteinander beten. Ich hoffe, Sie werden nicht nur den Leib durch italienische Pasta nähren, sondern auch Ihre Seele bereichern können!

Am besten: Sie gehen mit mir jeden Tag an einen neuen Ort, verweilen dort mit mir ein bisschen, nehmen nicht viel Gepäck mit und weiten ihre Seele.

P. Eberhard von Gemmingen SJ

1.
MADONNA DELLA STRADA
Wandernde Christen

Die Jesuitenkirche in Rom, die »Chiesa del Gesù«, wird täglich der Ausgangspunkt unserer Wanderungen sein. Sie liegt wirklich im Zentrum der Millionenstadt. Und in dieser Kirche starten wir in der kleinen Seitenkapelle vor dem Bild der Gottesmutter »Madonna della strada« – »Madonna von der Straße«. Es ist das Marienbild, das der heilige Ignatius von Loyola, der Gründer des Jesuitenordens, am meisten liebte. Mit diesem Bild werden wir uns täglich auf den Weg machen.

Straßen spielen im Leben des Christentums eine riesige Rolle: Jesus und seine Jünger marschierten auf Wegen und Straßen im Heiligen Land, um das Evangelium in Städten und Dörfern zu verkünden. Paulus wanderte bis Rom, der heilige Bonifatius marschierte durch halb Europa. Die Söhne des heiligen Benedikt gelobten zwar »stabilitas«, Stabilität an einem Ort. Das hinderte sie aber nicht, die Grundlage dafür zu legen, dass Europa der Hauptkontinent des Christentums wurde. Der heilige Franz von Assisi marschierte bis nach Ägypten, um dort den Sultan zum Christentum zu bekehren. Der heilige Antonius marschierte über Afrika nach Italien. Franziskaner, Dominikaner und auch Jesuiten waren auf die Straßen der Welt gerufen. Franziskus ging zu denen, die kein Dach über dem Kopf hatten, Ignatius suchte die, die von Jesus Christus hören sollten. Und so taten es die Freunde auf den Spuren von Ignatius: Franz Xaver durchwanderte halb Indien und kam bis vor die Tore Chinas, Peter Faber marschierte von Antwerpen über

Il Gesù, Madonna della strada

Köln und Rom bis Portugal, Petrus Canisius organisierte auf seinen Beinen die Jesuiten zwischen Nijmegen, Köln, Wien, Prag, Rom und Messina. Der 16-jährige Stanislaus Kostka suchte für die Nachfolge Jesu den Weg von Warschau über Wien nach Rom. Frauen waren da mehr an ihre Häuser und Klöster gebunden. Die große Reisende unter den weiblichen Heiligen war Teresa von Avila. Sie rumpelte auf einem Ochsenkarren durch viele Teile Spaniens. Bei den Jesuiten heißt es »Nostrae vocationis est diversa loca peragrare«, zu Deutsch: »Unsere Berufung ist es, verschiedene Orte zu durchwandern«. Immer ist die »Madonna della strada« mit von der Partie. Wir wollen in Rom mit ihr auf geistlichen Pilgerwegen marschieren. Beten wir auf allen Wegen:

Wer im Schutz des Höchsten wohnt,
der ruht im Schatten des Allmächtigen.
Ich sage zum HERRN: Du meine Zuflucht
und meine Burg,
mein Gott, auf den ich vertraue.
Denn er befiehlt seinen Engeln,
dich zu behüten auf all deinen Wegen.
Sie tragen dich auf Händen,
damit dein Fuß nicht an einen Stein stößt;
du schreitest über Löwen und Nattern,
trittst auf junge Löwen und Drachen.
Weil er an mir hängt, will ich ihn retten.
Ich will ihn schützen, denn er kennt meinen Namen.
Ruft er zu mir, gebe ich ihm Antwort.
In der Bedrängnis bin ich bei ihm,
ich reiße ihn heraus und bring ihn zu Ehren.
Ich sättige ihn mit langem Leben
Mein Heil lass ich ihn schauen. *(Psalm 91,1–2.11–16)*[1]

....

Adresse: Chiesa del Gesù, Piazza del Gesù, 00186 Roma

2.
IGNATIUS VON LOYOLA
Bettelnder Reformer

Anfangs war Inigo nur ein kleiner hinkender Bettler aus Spanien in schäbiger, nicht gerade sauberer Kutte, mit ungeschnittenen Fingernägeln, der sich in Rom mit den Bettlern und ihren Buben in römischen Gassen abgab. Er hat dann allerdings – wohl zu seinem eigenen Erstaunen – Weltgeschichte geschrieben. Ursprünglich wollte er nur in Jesu Nähe, möglichst im Heiligen Land, leben und versuchen, die Muslime zu bekehren. Aber dann kam es ganz anders. Er würde sich wundern, dass aus seinem bescheidenen Ansatz, aufgrund seiner Lebensumkehr, die katholische Kirche zu einer Reform kam.

Es kommt dann und wann vor, dass Machtlose Macht haben. Im Grund war das schon bei Jesus so. Auch Jesus war ein armer, junger Mann vom Land, aber er hat die Welt auf den Kopf gestellt – oder besser: auf die Füße. So auch Ignatius von Loyola.

Ignatius von Loyola würde auch staunen über eine Silberstatue in der Kirche, die nach dem Namen Jesu benannt ist. Würde er sie einschmelzen, das Edelmetall verkaufen und das Geld den Armen geben? Vielleicht würde er akzeptieren, dass hier ein Kunstwerk zur Ehre Gottes steht, denn diese Ehre Gottes ging ihm doch über alles. Freilich wundern würde sich Ignatius dennoch, dass aus seinem kleinen Anfang ein solches Wunder geschehen ist und dass aus seiner Miniwohnung in Rom eine solche Riesenkirche mit so viel Schönheit geworden ist.

Aber der Reihe nach: Der baskische Ritter Inigo war ein Sturkopf. Bei der militärischen Verteidigung der Festung Pamplona

Il Gesù, Silberstatue des Ignatius

gegen die Franzosen war er es, der seinen Willen gegen alle anderen Militärs durchsetzte. Die Soldaten gaben sich erst geschlagen, als Inigo kampfunfähig geschossen war. Auf dem familiären Rittergut Loyola langweilte er sich dann und las widerwillig Heiligenlegenden. Dabei ging ihm ein Licht auf: Wenn er fromme Gedanken hatte, fühlte er sich auch nachher wohl, wenn er gottwidrige Gedanken hatte, war er nachher leer und ausgelaugt. Er begann zwischen guten und schlech-

IGNATIUS VON LOYOLA 13

ten Geistern zu unterscheiden. Er machte eine Kehrtwende: Aus dem eitlen Ritter wurde ein gottsuchender Bettler. Es trieb ihn nach Rom und Jerusalem. Aber überall gab es Konflikte, weil er den Glauben verbreitete, obwohl er nichts studiert hatte. So rutschte er dann auf Studierbänken in Spanien und Paris, suchte Genossen, die wie er aus ihren Karrieren ausstiegen, und sie wurden eine verschworene Gemeinschaft. Sie wollten nichts anderes, als die Menschen mit Gott versöhnen. Von Kirchenreform war nicht die Rede. Bei Inigos Tod im Jahr 1556 waren es bereits rund 1.000 junge Männer.

Sie machten aus einem Stück verschlafener Kirche ein Stück wache und dynamische. Die Lutheraner erlebten, dass nicht alle Katholiken schliefen.

Nun möchte ich ein wenig mit dir plaudern, lieber heiliger Ignatius.

Frage: *»Geh' ich recht in der Annahme, dass Du überhaupt nicht an Kirchenreform dachtest, sondern nur an die Ehre Gottes und das Heil der Menschen?«*

Ignatius: *»Wenn es euch nicht um Gott geht, sondern um Kirchenstrukturen und Theologie, dann ist alles Schaumschlägerei. Alle theologischen und strukturellen Reformgedanken gehen dann ins Leere. Ich wollte das, was Franz von Assisi und der heilige Dominikus lebten: So leben wie Jesus, arm und in Verkündigung auf den Straßen der Welt. Ich weiß, dass durch unseren Miniansatz mit Franz Xaver und Petrus Canisius Wunder geschehen sind. Aber Wunder geschehen nur, wenn man nicht auf die eigene Gescheitheit baut, sondern den Willen Gottes sucht.«*

Frage: *»Schau lieber Inigo, zu deiner Zeit war das Glauben an Gott und an Jesus Christus für alle Europäer selbstverständlich. Das ist heute vorbei. Wir haben es viel schwerer als du es* hattest. Gott ist heute für viele ein Fremdwort. Manche wollen die Kreuze abhängen, weil sie Kinder erschrecken.«

Ignatius: »Ja – ihr habt es nicht leicht. Vielleicht müsst ihr, die ihr an Christus glaubt, in der Gesellschaft mehr auffallen, notfalls unangenehm auffallen. Vielleicht müsst ihr öfter den Mut haben, aus der Reihe zu tanzen, so wie ich aus der Reihe der Ritter und schönen Damen herausgesprungen bin. Sagt ihr energisch Nein zum Haben-Wollen, Angeben-Wollen, zu Materialismus und zur modernen Eitelkeit, sagt ihr energisch Nein zu Abtreibung und Euthanasie, sagt ihr energisch Nein zu »Ehe für alle«, sagt ihr energisch Nein zur offenen Verführung junger Menschen? Pflegt ihr Ehe und Familie als Kulturgut, pflegt ihr Hilfe für die Armen und bringt dafür auch Opfer, könnt ihr noch verzichten? – Wir ersten Jesuiten haben die Kirche nicht reformieren wollen, aber haben den Bettlern in Rom unser Essen gegeben, haben für sie bei Reichen gebettelt. Haben den Menschen von Jesus erzählt, den sie nur zum Schein kannten. Ich – Inigo – habe kleinen Kindern auf der Straße das Vaterunser beigebracht, das Kreuzzeichen. Habe sie gelehrt, dass sie nicht lügen, nicht stehlen dürfen. Von Kirchenreform war nicht die Rede. – Ich fürchte, ihr setzt heute manchmal falsch an. Man muss ganz unten anfangen. Jesus hat auch nicht den Hohenpriestern gepredigt, was sie anders machen sollen. Er hat den kleinen Leuten, die frohe Botschaft gebracht.«

Frage: »Hat dein Orden nicht durch die Schulen und Hochschulen Europa geformt? Seid ihr nicht ein Bildungsorden, der beim Verstand ansetzt und nicht nur bei der Wohltätigkeit und bei der Verkündigung auf der Straße?«

Ignatius: »Wir haben schon Jugendliche geformt, aber es ging uns nicht nur um ihr Wissen und ihren Verstand, sondern darum, dass sie gläubige Vorbilder erleben und Jesus ganz persönlich kennen lernen.«

Frage: *»Aber mit eurem Jesuitentheater habt ihr doch die Emotion getroffen, das Herz der Menschen?«*
Ignatius: *»Wir haben Herz und Verstand angesprochen, aber die Zielsetzung war immer, dass die Zuschauer in unserem Theater Vorbilder sahen, vorbildliche Christen, Menschen, denen sie nachstreben konnten. Und das Jesuitentheater hat sich auch immer um Gott gedreht. Es ging um Gott und sein Reich und seine Heiligen.*

Möchtest du noch hören, was mich im Tiefsten angetrieben hat: ›Bindung schafft Freiheit‹. Und nun höre noch das Gebet am Schluss der Exerzitien:

Nimm hin, o Herr, meine ganze Freiheit.
Nimm an mein Gedächtnis, meinen Verstand, meinen ganzen Willen.
Was ich habe und besitze, hast du mir geschenkt.
Ich gebe es dir wieder ganz und gar zurück und überlasse alles dir,
dass du es lenkst nach deinem Willen.
Nur deine Liebe schenke mir mit deiner Gnade.
Dann bin ich reich genug und suche nichts weiter.[2]

Adresse: Chiesa del Gesù, s. oben

3.
SANTA MARIA IN TRASTEVERE
Göttliches Brautpaar

Der Stadtteil Trastevere ist nicht nur bekannt wegen seiner romantischen und köstlichen Restaurants und Bars, sondern auch wegen der Kirche ›Santa Maria in Trastevere‹. Trastevere heißt ›Jenseits des Tiber‹. Der Stadtteil liegt wie der Vatikan auf dem jenseitigen Ufer des Tiber, unterhalb des Gianicolo-Hügels. Die Basilika enthält die herrlichsten Mosaiken von Rom und Italien. Aber dort kann man auch beten: Die Gemeinschaft ›San Egidio‹ hält jeden Abend um 20.30 Uhr ein öffentliches Nachtgebet. An Weihnachten werden in der Kirche lange Tische aufgestellt und unzählige Bettler bekommen ein Festmahl. Trastevere galt früher als Ort der armen Leute, aber es gibt auch heute noch viele, die unter freiem Himmel schlafen.

Wir kommen vor allem hierher, um das Mosaik in der Apsis der Basilika Santa Maria in Trastevere zu bestaunen. In der Mitte sitzen Jesus und Maria auf einem gemeinsamen Thron. Wenn wir genauer hinschauen, sehen wir, dass sie hier wie Braut und Bräutigam thronen: Maria zur Rechten Jesu. Jesus legt seine rechte Hand auf Marias Schulter und neigt sich ihr zart zu. Doch beide schauen königlich auf den Besucher. Noch aufschlussreicher ist es, was wir auf Tafeln lesen können, die beide in ihren Händen halten: Auf der Tafel Jesu steht: »Komm, meine Erwählte, und setze dich auf meinen Thron.« Und Maria hält eine Tafel mit den Worten: »Seine Linke liegt unter meinem Kopf. Seine Rechte umfängt mich.« Das sind

Santa Maria in Trastevere, Apsismosaik

Sätze aus dem Hohelied des Alten Testamentes (Hld 2, 6). Jesus und Maria werden als Brautpaar dargestellt! Auch das ist das oft von modernen Christen beschimpfte Rom.

Gebet
Wir wollen beten. Herr Jesus Christus, Du bist als Bräutigam Deiner Mutter dargestellt. Du verhältst dich zu ihr wie zu einer geliebten Braut. Vielleicht willst du uns auch sagen: Die Braut ist die Kirche, meine geliebte und oft törichte Braut. Aber sie wird schön durch meine Liebe, durch meine Zuneigung, durch meine Sehnsucht nach ihr. Jesus, Du sagst uns

durch das Bild: Gott, das unendliche Geheimnis, liebt auf unerklärliche Weise die Menschheit, alle Menschen und gerade auch die auserwählten Menschen, die Christen, denen Jesus bekannt gemacht wurde. Und du sagst uns: Gott liebt nicht ›von oben herab‹ – nur wie ein Herrscher, der seinen Untertanen gnädig ist. Er liebt die Menschen wie ein Bräutigam seine Braut liebt. Er hat Sehnsucht nach ihr, er wartet geduldig Jahre, Jahrhunderte lang auf sie. Der unendliche Gott zeigt sich wie ein Bräutigam, er schmückt sich, damit die Braut ihn ebenso lieben kann wie er sie liebt. Der Bräutigam setzt die Braut neben sich auf den Thron. Er stellt sie nicht unter sich auf den Boden. Bräutigam und Braut schauen gemeinsam in die Welt, um ihr zu zeigen, dass bräutliche Liebe auch heute möglich ist. Die heutige Welt hat ja oft vergessen, dass Liebe Freude und Leid umfasst, Umarmung und Sehnsucht, Geben und Empfangen. Herr Jesus Christus, du willst mich als Deine Braut in Deine Arme schließen, Du willst mich mit Küssen bedecken. Du willst mich in deinen Armen halten bis in alle Ewigkeit. Ich danke Dir dafür.

Aus der Erklärung des Zweiten Vatikanums über die Kirche
Die selige Jungfrau, die von Ewigkeit her zusammen mit der Menschwerdung des göttlichen Wortes als Mutter Gottes vorherbestimmt wurde, war nach dem Ratschluss der göttlichen Vorsehung hier auf Erden die erhabene Mutter des göttlichen Erlösers, in einzigartiger Weise vor anderen seine großmütige Gefährtin und die demütige Magd des Herrn. Indem sie Christus empfing, gebar und nährte, im Tempel dem himmlischen Vater darstellte und mit ihrem am Kreuz sterbenden Sohn litt, hat sie beim Werk des Erlösers in durchaus einzigartiger Weise in Gehorsam, Glaube, Hoffnung und brennender Liebe mitgewirkt zur Wiederherstellung des übernatürlichen Lebens der

Seelen. Deshalb ist sie uns in der Ordnung der Gnade Mutter. Diese Mutterschaft Mariens in der Gnadenordnung dauert unaufhörlich fort, von der Zustimmung an, die sie bei der Verkündigung gläubig gab und unter dem Kreuz ohne Zögern festhielt, bis zur ewigen Vollendung aller Auserwählten. In den Himmel aufgenommen hat sie diesen heilbringenden Auftrag nicht aufgegeben, sondern fährt durch ihre vielfältige Fürbitte fort, uns die Gaben des ewigen Heils zu erwirken. In ihrer mütterlichen Liebe trägt sie Sorge für die Brüder und Schwestern ihres Sohnes, die noch auf der Pilgerschaft sind und in Gefahren und Bedrängnissen weilen, bis sie zur seligen Heimat gelangen. Deshalb wird die selige Jungfrau in der Kirche unter dem Titel der Fürsprecherin, der Helferin, des Beistandes und der Mittlerin angerufen. Das aber ist so zu verstehen, dass es der Würde und Wirksamkeit Christi, des einzigen Mittlers, nicht abträgt oder hinzufügt. *(Lumen gentium 60-61)*

Beten wir vor der Apsis
Salve, Regina,
mater misericordiae;
Vita, dulcedo, et spes nostra, salve.
Ad te clamamus, exsules filii Evae.
Ad te suspiramus,
gementes et flentes in hac lacrimarum valle.
Eia ergo, advocata nostra,
illos tuos misericordes oculos
ad nos converte.
Et Jesum, benedictum fructum ventris tui,
nobis post hoc exsilium ostende.
O clemens, o pia, o dulcis Virgo Maria.

Sei gegrüßt, o Königin,
Mutter der Barmherzigkeit,
unser Leben, unsre Wonne
und unsere Hoffnung, sei gegrüßt!
Zu dir rufen wir verbannte Kinder Evas;
zu dir seufzen wir
trauernd und weinend in diesem Tal der Tränen.
Wohlan denn, unsere Fürsprecherin,
deine barmherzigen Augen wende uns zu
und nach diesem Elend zeige uns Jesus,
die gesegnete Frucht deines Leibes.
O gütige, o milde Jungfrau Maria.[3]

....

Adresse: Santa Maria in Trastevere, Piazza di Santa Maria in Trastevere, 00153 Roma

4.
DIE HEILIGEN FRANZISKUS UND DOMINIKUS
Wettlauf in Demut

Steigen wir heute gemeinsam aufs Kapitol hinauf und von dort weiter zum früheren Hauptquartier des Franziskanerordens. Von dort oben sieht man über das Forum hinüber zum Palatin-Hügel und in der Ferne in die Albanerberge.

Doch es geht heute nicht um die Antike, sondern um die Kleinen und Demütigen: um die Gründer des Franziskaner- und Dominikanerordens.

Franziskus und Dominikus lebten etwa zur gleichen Zeit im 13. Jahrhundert, und in einer uralten Chronik lesen wir: Der Bischof von Ostia schlug vor, dass Mitglieder der beiden jungen Gemeinschaften auch Bischöfe werden sollten. Er sagte: »Warum nehmen wir nicht aus euren Brüdern Bischöfe und Prälaten, die durch Lehre und Beispiel den Übrigen voranleuchten?« Da überboten sich Franziskus und Dominikus in Ablehnung und Demut. Dominikus sagte: »Herr, meine Brüder sind – wenn sie es recht erkennen – auf eine hohe Stufe gestellt, und ich werde – soweit es in meinen Kräften steht – nicht erlauben, dass sie eine andere Art der Würde erlangen.« Franziskus folgte mit den Worten: »Herr, Mindere sind meine Brüder deswegen genannt, damit sie sich nicht herausnehmen, Höhere zu werden. Ihre Berufung lehrt sie, den letzten Platz einzunehmen und den Spuren der Demut Christi zu fol-

Franz von Assisi

Dominikus

gen, damit sie einst, wenn den Heiligen vergolten wird, mehr als die anderen erhöht werden.«

Ja, es ist so eine Sache mit der Bescheidenheit und Demut in der Kirche! Nicht alle im Klerus sind demütig und bescheiden. Schon die zwölf Apostel Jesu Christi haben um die besten Plätze an der Seite Jesu gestritten. Aber erstaunlicherweise gab es in der Christenheit dann auch immer wieder Exoten, die nicht aufsteigen, sondern absteigen wollten. Sie erkannten, dass die Grundbewegung Jesu der Abstieg war, das Heruntersteigen vom hohen Thron, das Dienen, das Füße-Waschen.

Aber seit der Zeit Jesu gab es auch immer wieder Kirchenleute, die die gleichen Dummheiten machten wie Petrus und seine Freunde, sie wollten glänzen, herrschen, Macht haben und oben sitzen. Das Tragische daran ist, dass sie trotzdem meinen, sie seien Diener. Aber klammheimlich möchten sie gerne dominieren. Und die Christen, die ›unten‹ sind, schimpfen hinauf, dass ›die da oben‹ ganz heimlich herrschen wollen.

Aber die unten sind auch nicht besser, denn ihr Schimpfen zeigt, dass sie selbst auch gerne oben säßen.

Ja, ist Jesus nicht durch 2000 Jahre immer wieder mit seinem Programm gescheitert? Sind die Atheisten vielleicht manchmal demütiger, weil sie sich nicht vormachen, dienen zu wollen, sondern nüchtern feststellen: »Die Menschen sind schlecht, alle Versuche, sie besser dastehen zu lassen, sind immer wieder gescheitert. Geben wir's auf! Den idealen Menschen gibt es nicht. Seien wir lieber nüchtern und nehmen den Menschen als eitlen Egoisten. Nüchternheit ist die größte Tugend.«

Und doch: Resignation ist keine Tugend. Es gibt die Durchbrecher, die Menschen, die aus der Reihe tanzen, die Franziskusse und Dominikusse, die Diener, die Bescheidenen, die Menschen, die ihren Dienst tun, ihre Arbeit leisten, die helfen, die nicht aufsteigen wollen. Es gibt sie. Wir sollten nur die Augen aufmachen!

Und wir sollten auch nicht meinen, dass ›die oben in der Kirche‹ nicht um ihre eigene Schwäche wüssten. Wenn wir selbst meinen, wir ›hier unten in der Kirche‹ seien besser, dann haben wir uns sicher getäuscht. Weisheit ist es, barmherzig zu sein mit ›denen oben‹. Wer auf sie herabschaut, macht den Fehler, den er selbst kritisiert.

Bitten wir den heiligen Franz von Assisi und den heiligen Dominikus:
Ihr lieben Heiligen, schaut bitte auf die Kirche von heute und helft ihr, den rechten Weg für die heutige Zeit zu finden. Helft bitte Papst Franziskus, damit er die Kirche auf dem Weg Jesu Christi führt. Ihr habt selbst erkannt, dass nur Glaubwürdigkeit zählt. Aber ihr wolltet ja gar nicht die Kirche oder die Gläubigen reformieren. Ihr wolltet nur nach der Weise Jesu Christi leben. Du – heiliger Franziskus – indem du wie Jesus den Armseligen,

den Kranken, auch den Pestkranken nahe sein wolltest. Du wolltest auch keinen Orden gründen, sondern hast einfach selbst so gelebt wie es dir richtig schien. Und das hat andere angelockt, ebenso zu leben wie du.

Und du – heiliger Dominikus – du wolltest einfach so das Evangelium weitersagen, wie es Jesus getan hat. Jesus hat keine großen akademischen Reden gehalten. Das wolltest auch du nicht. So hast du deine ›Predigerbrüder‹ gegründet, damit die Getauften und Ungetauften das Evangelium, die frohe Botschaft, hören und sich Jesus anschließen.

Ihr beide habt die Kirche reformiert, aber ihr habt keineswegs Kirchenreform machen wollen. Ihr wolltet nur dem Ruf Jesu folgen »Kehrt um und glaubt an das Evangelium vom Reich Gottes.«

Worin besteht die wahre Freude?

Franziskus sagt zu Bruder Leo
auf die Frage nach der wahren Freude:
»Ich komme mitten in der Nacht von Perugia hierher
nach Santa Maria degli Angeli.
Es ist Winter, schmutzig und so kalt,
dass sich unten an der Kutte Eisklumpen bilden,
die mir beim Gehen die Beine blutig schlagen.
Und so in Schmutz, Kälte und Eis komme ich zur Pforte.
Und nachdem ich lange geklopft und gerufen habe,
kommt der Bruder und fragt:
»Wer bist du?« Ich antworte: »Bruder Franziskus«.
Und er sagt »Scher dich fort!
Zu dieser Zeit streunt man nicht herum.
Du kommst mir nicht herein!«
Da ich es nochmals versuche, antwortet er: »Scher dich fort, du bist ein Einfallspinsel und Idiot. Komm ja nicht mehr zu uns!

Leute wie dich brauchen wir nicht!«
Und ich versuche es nochmals an der Pforte, mit
   Nachdruck, und sage:
»Um der Liebe Gottes willen –
nehmt mich wenigstens für diese Nacht auf!«
Und er antwortet:
»Das tu ich nicht. Geh zum Haus der Kreuzherren, und frag
   dort an!«
Ich sage: »Wenn ich dabei Geduld bewahre und mich nicht
   aufrege,
das wäre die wahre Freude,
die wahre Tugend und das Heil der Seele.«[4]

Adresse: S. Maria in Aracoeli, Scala dell'Arce Capitolina 12, 00186 Roma

5.
BASILIKA SANKT PETER
Päpstliche Kaiserkrönung

Nun ist es höchste Zeit, einmal nach St. Peter zu gehen. Man muss sich hier ein bisschen anstrengen, um von der Wucht nicht erschlagen zu werden und von dem Trubel, der hier herrscht, obwohl Schweigen geboten ist. Stellen wir uns ganz hinten in der Basilika in der Mitte auf. Schauen wir von hier aus eine Weile nach vorne, bewundern die Länge und Weite und Höhe der Kirche. Die Kunstgeschichte können wir früher oder später lesen. Hier sehen wir auf dem Boden eine runde Porphyrplatte.

Diese Porphyr-Scheibe war in der alten Peterskirche vorne vor dem Altar gelegen. Und auf ihr soll Karl der Große zum Kaiser gekrönt worden sein. Die Krönung habe Papst Leo III. an Weihnachten des Jahres 800 vorgenommen.

Hier lade ich Sie nun zur Meditation und zum Gebet ein. Schon vor dem Jahr 800 waren Kirche und Staat einen Bund eingegangen. Ob das der Intention Jesu entsprochen hat, sei in Frage gestellt. Denn er hatte ja gesagt: »Mein Reich ist nicht von dieser Welt« (Joh 18,36). Aber wir gehen davon aus, dass es Papst Leo und Kaiser Karl ernst meinten, dass sie gemeinsam dem Reich Gottes dienen wollten. Sie haben vielleicht Jesus nicht ganz gut verstanden. Das gelang auch dem ersten Papst, dem Apostel Petrus, noch nicht. Vermutlich sind alle Christen und auch alle Theologen bis ans Ende der Zeit immer noch auf Irrwegen und auf der Suche. Moderne Menschen sollten sich nicht erlauben, nur frühere Bünde zwischen Staat

St. Peter, Porphyrplatte

und Kirche zu beschimpfen, sondern sich fragen, in welche Irrtümer sie heute selbst fallen. Politische Machthaber damals aber glaubten an die Macht Gottes und an die ihnen übergebene Verantwortung. Daher ließ sich der Kaiser vom Papst krönen. Und so schicken wir an dieser Stelle ein Gebet in den römischen Himmel:

»Vater unseres Herrn Jesus Christus. Sende der Welt deinen Hl. Geist, sende ihn vor allem den Männern und Frauen, die Macht haben, die Verantwortung tragen für Millionen anderer. Wir denken nicht nur an die Politiker, sondern auch an die Wirtschaftsführer, an die Journalisten, an die Pädagogen. Gib der modernen Welt deinen Hl. Geist. Sie weiß und kann heute so viel. In Sekundenschnelle gehen Nachrichten rund um den Globus. Aber manchmal fragen wir uns, ob das Wissen und Können richtig eingesetzt werden, ob die Menschen

Weisheit suchen. Wir bitten auch um Vergebung für alle Verführungen, die in der heutigen Welt stattfinden, Verführung zu oberflächlichen und dummen Entscheidungen, zu Eitelkeit und Stolz. Wir schicken von hier aus rund um den Globus Gedanken des Friedens, der Gerechtigkeit und der Liebe. Lass die Menschheit nicht nur technisch zusammenfinden, sondern auch in Geist und Herz. Von diesem zentralen Ort der Christenheit aus bitten wir um den Hl. Geist für unsere ganze Erde, für die ganze Menschheit, für die Anhänger aller Religionen. Amen.«

Adresse: Piazza St. Peter, 00120 Città del Vaticano

6.
PAPST JOHANNES XXIII.
Lächelnder Reformer

Wir stehen vor dem einbalsamierten Leichnam von Papst Johannes XXIII. Erinnern wir uns: Er war der Nachfolger von Papst Pius XII. Dieser Pius-Papst, der letzte dieses Namens in einer langen Reihe, war noch ein Papst, der vor allem Hoheit ausstrahlte. Er war hoch aufgewachsen, eher schlank, hatte eine edle Gestalt. Die Christen wünschten, dass er auf einem Thron sitzt, auf der sedia gestatoria, dem tragbaren Thron, über der Menge schwebte und von dort seinen Segen spendete. Er war der Papst, der nach dem Zweiten Weltkrieg vor allem den Deutschen wieder Vertrauen schenkte, zu dem man vor allem im Hl. Jahr 1950 ehrfurchtsvoll pilgerte, um seinen Segen zu empfangen.

Auf ihn folgte dann eine völlig andere Person: Johannes XXIII. Er hatte eine eher rundliche Gestalt, einem lächelnden Großvater ähnlich. Güte war die Eigenschaft, die die ganze Welt an ihm wahrnahm. Auf den Hoheitsvollen kam der Gütige. Und er überraschte durch eine schlichte Rede, durch Lächeln, durch Güte. Plötzlich ein ganz anderes Papsttum! Die Welt staunte: Päpste müssen also nicht Hoheit ausstrahlen. Sie können auch ganz anders sein.

Man erfuhr: Johannes XXIII. war vorher Patriarch von Venedig gewesen und zuvor päpstlicher Gesandter in Paris, ein anspruchsvoller Posten. Noch vorher war er Nuntius in Bulgarien und apostolischer Vikar für die Katholiken in Griechenland und der Türkei. Von dort aus habe er vielen Juden aus Ungarn zur Flucht vor den Nationalsozialisten geholfen. Er veranlasste

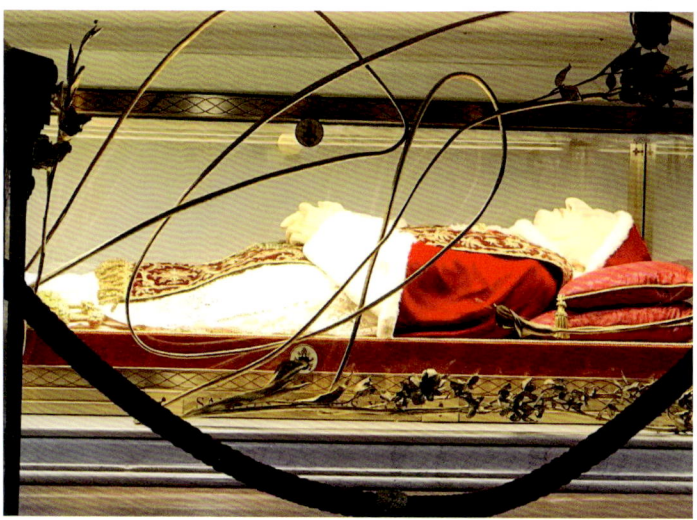
St. Peter, einbalsamierter Leichnam von Papst Johannes XXIII.

zudem die deutschen Bischöfe, Juden zu retten, indem sie sie als Christen ausgaben. So wurden unzählige Juden gerettet. Er wagte es, schlau zu sein, war ein guter, menschenfreundlicher Diplomat.

Wir wollen mit diesem gütigen und diplomatischen – jetzt heiliggesprochenen – Mann beten.

»Vater unseres Herrn Jesus Christus. Du weißt, es fehlt in unserer Welt oft an Güte, an Menschenfreundlichkeit, an Einsatzbereitschaft für Menschen in Not. Wir bitten dich zusammen mit dem heiligen Papst Johannes um deinen Heiligen Geist. Er möge der Welt Solidarität und Mitgefühl schenken. Schenke vor allem den Politikern und Diplomaten Gedanken des Friedens und gib ihnen Phantasie, um Frieden zu stiften. Lass sie hinausgehen aus ihren Büros und Sitzungsräumen, hin zu den Menschen, vor allem den Menschen in Not, in

Verfolgung, in Armut. Gib dass die großen Verantwortlichen auch ein Lächeln kennen, so wie du Papst Johannes die Gabe des Lächelns geschenkt hast. Und hilf den Menschen auf den Straßen dieser Erde, gütig miteinander umzugehen. Hilf, dass aus Fremden Freunde werden, dass Flüchtlinge angenommen und eingefügt werden. Hilf, dass die Menschen zueinander finden. Und wir bitten dich, Vater im Himmel, schenke dem jetzigen Papst Franziskus die Gnade, seinem großen Vorgänger Johannes zu folgen. Amen.«

Die 10 Gebote der Gelassenheit (von Papst Johannes XXIII.)

1. Nur für heute werde ich mich bemühen, einfach den Tag zu erleben – ohne alle Probleme meines Lebens auf einmal lösen zu wollen.
2. Nur für heute werde ich größten Wert auf mein Auftreten legen und vornehm sein in meinem Verhalten: Ich werde niemanden kritisieren; ja ich werde nicht danach streben, die anderen zu korrigieren oder zu verbessern ... nur mich selbst.
3. Nur für heute werde ich in der Gewissheit glücklich sein, dass ich für das Glück geschaffen bin ... nicht nur für die andere, sondern auch für diese Welt.
4. Nur für heute werde ich mich an die Umstände anpassen, ohne zu verlangen, dass die Umstände sich an meine Wünsche anpassen.
5. Nur für heute werde ich zehn Minuten meiner Zeit einer guten Lektüre widmen. Wie die Nahrung für das Leben des Leibes notwendig ist, ist die gute Lektüre notwendig für das Leben der Seele.
6. Nur für heute werde ich eine gute Tat vollbringen – und ich werde es niemandem erzählen.
7. Nur für heute werde ich etwas tun, wozu ich keine Lust

habe. Sollte ich mich in meinen Gedanken beleidigt fühlen, werde ich dafür sorgen, dass niemand es merkt.
8. Nur für heute werde ich ein genaues Programm aufstellen. Vielleicht halte ich mich nicht genau daran, aber ich werde es aufsetzen. Und ich werde mich vor zwei Übeln hüten: vor der Hetze und vor der Unentschlossenheit.
9. Nur für heute werde ich keine Angst haben. Ganz besonders werde ich keine Angst haben, mich an allem zu freuen, was schön ist. Und ich werde an die Güte glauben.
10. Nur für heute werde ich fest daran glauben – selbst wenn die Umstände das Gegenteil zeigen sollten –, dass die gütige Vorsehung Gottes sich um mich kümmert, als gäbe es sonst niemanden auf der Welt.

Nimm dir nicht zu viel vor. Es genügt die friedliche, ruhige Suche nach dem Guten an jedem Tag zu jeder Stunde, und ohne Übertreibung und mit Geduld.[5]

Adresse: Piazza St. Peter, 00120 Città del Vaticano

7.
VERONIKA
Brausende Stürmerin

Vom Glauben an Jesus Christus muss ein Sturm ausgehen. Wenn es nicht stürmt, dann ist etwas am Christentum nicht ganz in Ordnung. Die Figur der Veronika in der Petersbasilika zeigt ein stürmisches Gemüt. Sie stürmt mit dem Tuch vom Antlitz Jesu Christi in die Welt und zeigt es den Menschen. »Seht, das ist Christi Antlitz« scheint sie zu rufen. Sie kann nicht still stehen, sie muss eilen, rennen. Sie muss durch die ganze Welt mit dem Tuch.

Ihr Name »Veronika« kommt teils aus dem Lateinischen, teils aus dem Griechischen. Veronika kommt von »vera icon« – zu Deutsch: »wahres Bild«. Sie ist überzeugt, der Welt das Antlitz Christi zeigen zu müssen. Sie weiß ja, dass elf Jünger Jesus verlassen haben und geflohen sind, dass einer den Meister verraten hat. Sie ist darüber traurig und empört. Vielleicht hat sie auch mit Maria Magdalena gesprochen, die unter dem Kreuz Christi ausgehalten hatte. Vielleicht haben sich die Frauen zusammengetan, haben die Mutter Jesu in ihre Arme genommen und sie aufgerichtet in ihrem Schmerz. Am meisten hat sie vielleicht bewegt, dass die von Jesus gewählten Männer ihren Meister sitzen ließen. Sie muss daher den Auftrag übernehmen »Geht hinaus in die ganze Welt und verkündet allen das Evangelium«. Sie kann nicht still sitzen und läuft aus ihrer Nische heraus. Wir wollen mit Veronika beten:

St. Peter, Statue der Veronika

Weck die tote Christenheit aus dem Schlaf der Sicherheit. Herr, schenk den Christen Kraft und Mut, Glaubenshoffnung, Liebesglut. Schenk allen Menschen, die auf den Namen Jesu Christi getauft sind, die Gnade, ihn, ihren Herrn und Meister, besser kennen zu lernen. Hilf, dass sie ihn nicht nur als den barmherzigen, liebenden guten Hirten erkennen, sondern auch als den Provozierenden, den Umstürzenden, den Aufregenden. Lass die Getauften erkennen, dass Jesus die Welt auf den Kopf stellen will oder richtiger ›auf die

Füße‹, dass das Reich, das Jesus verkündete, keine Wellness-Veranstaltung ist, auch nicht nur ein Yoga-Kurs. Mit Jesus bricht Gott in die Welt ein, und es bleibt kein Stein auf dem anderen. Auch wenn der Tempel von Sankt Peter eines Tages zusammenfällt, baut Gott einen Tempel aus lebendigen Steinen, aus glühenden Herzen, aus Menschen, die zusammenhalten wie Pech und Schwefel. Dann baut Gott einen Tempel aus Zeugen, die ihr Blut vergießen wie der Herr selbst, wie die Zeugen Jesu Christi, die hier nicht weit von Sankt Peter als lebendige Fackeln von den römischen Kaisern verbrannt wurden. Vater, schicke uns mit Veronika deinen heiligen Geist, damit wir die Größe und Schönheit des Glaubens an den Herrn am Kreuz neu entdecken. Herr, gib uns die Gnade, dass wir Europäer mit Veronika die Größe und Schönheit des Mannes am Kreuz neu entdecken. Amen.

**Paulus schreibt an die Philipper
über die Verkündigung Christi**
Einige verkünden Christus zwar aus Neid und Streitsucht, andere aber in guter Absicht.
Die einen verkünden Christus aus Liebe, weil sie wissen, dass ich zur Verteidigung des Evangeliums bestimmt bin, die andern aus Streitsucht, nicht in redlicher Gesinnung; womit sie meinen Fesseln weitere Bedrängnis hinzufügen
   möchten.
Aber was liegt daran?
Auf jede Weise, ob vorgetäuscht oder in Wahrheit, wird Christus verkündigt und darüber freue ich mich.

(Phil 1,15–18)

Adresse: Piazza St. Peter, 00120 Città del Vaticano

8.
IGNATIUS VON LOYOLA
Meeting mit Martin Luther

Warum kam es zur Kirchenspaltung?
Heute treffen wir zwei Persönlichkeiten, die europäische Geschichte geschrieben haben: Den Reformator aus Wittenberg Martin Luther und den Gründer des Jesuitenordens, Ignatius von Loyola. Wir gehen dazu an das große Stadttor im Norden Roms. Durch diese ›Porta del Popolo‹ kommen seit 2000 Jahren die wichtigsten Persönlichkeiten Europas in die ›ewige Stadt‹. Hier öffnet sich die Stadt mit der herrlichen Piazza del Popolo, und hier hatte der Augustinerorden, dem Martin Luther angehörte, sein Hauptquartier. Davor liegt die Kirche Santa Maria del Popolo. Und in ihr treffen sich unsere beiden Geschichtspräger.

Freilich: Das Gespräch ist eine Fiktion, denn Martin Luther lebte eine gute Weile vor Ignatius. Als Luther 1510 im Auftrag seines Ordens nach Rom kam, war Ignatius noch zuhause in seinem heimatlichen Baskenland und erst rund 20 Jahre alt. Sie haben sich also tatsächlich nie gesehen. Aber wir stellen uns vor, sie seien sich dort begegnet: Die Kapelle della Rovere war damals schon ausgestattet. Dort hätten sich die beiden treffen und über die Missstände in der katholischen Kirche austauschen können. Sie hätten sich gefragt, was nötig ist, um diese Kirche zu reformieren. Beide liebten ja Jesus Christus, wollten eine tiefgreifende Reform seiner Gemeinschaft. Doch noch müssen wir den Hintergrund ein wenig ausleuch-

S. Maria del Popolo, Cappella della Rovere

ten. Martin Luther war ein junger Theologieprofessor in Wittenberg. Er schien seinen Ordensvorgesetzten besonders geeignet, in Rom die Wünsche der sächsischen Augustiner gegen Satzungsänderungen vorzutragen. Sonst hätten sie nicht ihn ausgewählt für den langen Marsch. Es war das erste Mal, dass der junge Mönch seine engere Heimat verließ.

Von antirömischem Affekt gab es bei dem jungen Theologen noch nichts. Eine Quelle berichtet sogar, er habe sich beim ersten Anblick Roms auf den Boden geworfen mit den Worten »Sei gegrüßt, du heiliges Rom, wahrhaftig heilig von den heiligen Märtyrern, von deren Blut es trieft.« Freilich war das wohl nur der erste Eindruck. Denn bald sah er Schlimmes, was ihn skandalisierte: Rom sei ein ›Kadaver von früheren Denkmälern‹. Später bezeichnet er Rom sogar als Rattennest. Die Stadt der Päpste sei nicht einmal würdig, eine Stadt genannt zu werden. Das eigentliche, alte klassische Rom liege zwei

Meter unter der Erde. Der fromme Augustiner echauffiert sich vor allem über die – wie er sagt – Abgötterei der alten Zeit. Es habe ein Teufel gefehlt, den anderen Teufel auszutreiben. Luther wünscht sich, dass ein Abgott dem anderen den Kopf abschlägt. In Anspielung an die Schlange, die Eva in die Ferse biss, vermisst er, dass ein Gott den anderen in die Ferse biss. Erstaunlicherweise hätten sie einander vertragen. Freilich: Christus hätten diese alten Götter nicht leiden mögen. Er aber – der starke Held – habe die Götter über den Haufen geworfen und mit Ruten vertrieben. Hier sprach der Reformator noch über das alte heidnische Rom.

Nach ein paar Tagen aber sah er Priester bei der Messfeier und schreibt dazu: Die Priester seien die ›ungehörtesten Menschen‹. Martin Luther skandalisiert sich vor allem über die Art, wie die vielen Priester die Eucharistie gefeiert haben. Es sei ›rips-raps‹ gegangen, ›ein Gaukelspiel‹ gewesen.

Alles rühme sich ›päpstlich‹, sei aber ein ›Gewürm und Geschwärm‹. Der Mönch aus Wittenberg nimmt natürlich vor allem Anstoß daran, dass, wer Geld nach Rom bringe, ›Vergebung der Sünden‹ erhalte. Luther nennt sich selbst einen ›Narren‹. Er bringe gute Zwiebeln nach Rom und bringe nur Knoblauch zurück. Mit diesen Worten wollte er wohl andeuten, dass er seine Romreise eigentlich als Fehlschlag einschätzte.

Der Mönch Martin nennt sich selbst einen ›tollen Heiligen‹, der durch alle Kirchen und Katakomben gelaufen sei, er habe noch alles geglaubt, was aber ›erstunken und erlogen‹ sei. Er bedauert, dass er gerne geholfen hätte, seine Mutter und seinen Vater mit Messen und Gebeten aus dem Fegefeuer zu erlösen, aber es sei zu viel Andrang gewesen.

Martin Luther greift das Wort des Dichters Dante auf, der schon einmal Rom ›Hure Babylon‹ genannt hatte. Und weiter sagt er: »Gibt es eine Hölle, so steht Rom darauf.«[6]

Freilich muss ich anführen, dass genau in den Jahren Luthers das Mittelalter in Rom endete und die Renaissance Einzug hielt. Die Päpste kümmerten sich außerordentlich um die Schönheit der Stadt. Der größte Bauherr-Papst war Julius II. Und seit 2015 gibt es am Tiber sogar eine ›Piazza Martin Lutero‹, eingeweiht vom Bürgermeister der Stadt Ignazio Marino.

Ganz anders lief die Begegnung des Heiligen Ignatius von Loyola mit Rom. Er kam nach seiner schmerzhaften Kriegsverwundung durch eine Kanonenkugel und seiner persönlichen Entdeckung Jesu Christi hinkend 1523 nach Rom, um vom Papst die nötige Erlaubnis für eine Pilgerfahrt nach Jerusalem zu erhalten. Rom sollte nur Durchgangsstation sein. Aber die kirchlichen Behörden erlaubten keine Ansiedlung frommer Pilger im damals muslimischen Heiligen Land. Ignatius kam nach Europa zurück, gab Straßenbuben in Spanien Katechismus-Unterricht und wurde aufgefordert, sich dafür die nötige theologische Bildung anzueignen. So studierte er Theologie in Spanien und Paris. Dort fand er Gesinnungsgefährten, die sich mit ihm zu einer verschworenen Gemeinschaft zusammenschlossen. Und wieder gelang die geplante gemeinsame Jerusalemfahrt wegen politischer Probleme nicht, und so landete Ignatius schließlich, wider all seine Pläne, mit seinen Freunden in Rom. Hier blieb er nun 21 Jahre lang bis zu seinem Lebensende im Jahr 1556. Der Jesuitenorden wurde aber nicht gegründet, um die Protestanten zu bekämpfen, sondern um die Getauften mit Jesus Christus bekannt zu machen.

Sicher war Ignatius ebenso wie Martin Luther entsetzt über das skandalöse Kirchenleben in Rom, über die Unbildung des Klerus und das soziale Elend neben größtem Luxus.

Und nun erfinde ich ein Gespräch zwischen dem Heiligen Ignatius und Martin Luther.

Ignatius: »Verehrter, Professor Luther, wir haben ja beide die Gläubigen Jesu Christi wieder auf die Spur ihres Gründers zurückbringen wollen. Wir wollten das Gleiche oder Ähnliches. Warum kam es dann eigentlich zur Kirchenspaltung?«

Luther: »Ja, das ist für mich auch ein wenig rätselhaft. Auch mir lag am Herzen, dass wir Jesus Christus wieder entdecken in seiner Größe und Schönheit, in seinem Anspruch und seiner Barmherzigkeit. Aber das ist aus irgendeinem Grund nicht so gelungen, wie ich mir das vorstellte.«

Ignatius: »Darf ich einen Vorschlag machen, den Unterschied zwischen Ihnen und mir zu erklären? Sie waren ein Theologieprofessor und wollten den Irrtum korrigieren, der in der Ablasspraxis steckte. Sie gingen davon aus, dass die meisten Christen meinten, sich durch gute Werke, gerade auch Almosen, den Himmel erkaufen zu können. Und sie sahen, dass dies theologisch falsch ist. Ich ging davon aus, dass die meisten getauften Christen Jesus Christus und seine Botschaft kaum kannten. Daher hielt ich Katechesen, vor allem für Straßenkinder. Sie sollten endlich den Christus kennenlernen, so wie ich ihn auf dem Krankenlager kennenlernte.«

Luther: »Richtig! Ich sah wohl auch die mangelnde Grundbildung, aber sie bewegte mich weniger. Mich bewegte mehr, dass da ein Kirchenmann durch deutsche Lande zog mit der Parole: Zahlt für den Bau der Peterskirche, dann kommt eure Seele nach dem Tod in den Himmel. Ich fand das unerträglich.«

Ignatius: »Aber diese Kritik hätte doch nicht zur Kirchenspaltung führen müssen. War da nicht noch mehr theologische Kritik?«

Luther: »Ja, ich habe in meinen 95 Thesen viele Punkte angeschnitten. Es ging also um viel mehr als das ›In den Himmel-Kommen‹ durch gute Werke oder finanzielle Opfer.«

Ignatius: »Fehlte also das ruhige theologische Gespräch, bei dem man den Ausgleich sucht?«

Luther: »Ja, ich glaube, dass fehlte auch. Es fehlte das, was erst im 20. Jahrhundert in der Kirche voll einzog: Der Respekt vor der Überzeugung des anderen. Es galten mehr die Autorität und der Gehorsam. Im 20. Jahrhundert zählen theologische Argumente. Zu meiner Zeit zählte die kirchliche Autorität und der Gehorsam«.

Ignatius: »Kann man also sagen, dass die Kirche doch Fortschritte macht? Die Kirche erkennt ja heute den Gewissensspruch des Einzelnen an. Jeder Christ muss seinem Gewissen folgen. Die Autorität muss das Gewissensurteil respektieren. Aber damit ist nicht gesagt, dass die Kirche nicht auch auf festen Wahrheiten bestehen muss. Es gibt die kirchliche Lehre und sie gilt. Wer davon abweicht, darf ausgeschlossen werden. Niemand ist gezwungen, in der Kirche zu sein und zu bleiben. Aber es ist eine Gnade Gottes, wenn man die Lehre der Kirche annehmen kann.«

Luther: »Damit bin ich einverstanden. Auch ich bin nicht der liberalen Ansicht, dass letztlich alles relativ ist. Auch ich meine, dass es eine christliche und kirchliche Lehre geben kann und muss. Das Problem heute ist ganz anders als zu meiner Zeit: Heute ist die große Gefahr der Religionen und auch des Christentums der Relativismus. Er sagt: ›Letztlich gilt nichts mehr verbindlich. Keiner kennt die Wahrheit. Wahrheit gibt es für den Christen nicht‹. Hier bin ich ganz einig mit der katholischen Kirche. Denn auf diesem überzogen liberalen Hintergrund kann man nicht leben. Ich, Martin Luther, bin bereit, für meinen Glauben an Jesus Christus zu sterben.«

Ignatius: »Danke für das schöne Bekenntnis.«

Gebet Martin Luthers
»bey Anhörung des göttlichen Wortes«

Lieber himmlischer Vater! Du hast uns dein theures, gnadenreiches, heiliges Evangelium gegeben, und mit unaussprechlich großen Gnaden überschüttet. Lieber Vater! hilf, dass wir dasselbige auch also behalten und dabei bleiben mögen, daß Jedermann möge dadurch geholfen werden.

Lieber Gott, du sprichst durch deinen lieben Sohn die selig, so dein Wort hören. Wie viel billiger wäre es, daß wir dich, o ewiger barmherziger Vater, ohne Unterlaß mit fröhlichem Herzen selig preiseten, dir dankten und lobeten, daß du dich so freundlich, so väterlich gegen uns arme Würmlein erzeigest, und mit uns von der größten und höchsten Sache, nämlich vom ewigen Leben und Seligkeit, redest. Gleichwohl unterlässest du es nicht, uns freundlich zu locken durch deinen Sohn, dein Wort zu hören, da er spricht: Selig sind, die Gottes Wort hören und bewahren! Als könntest du unsers Gehörs nicht entbehren, und wir, die wir Erde und Asche sind, nicht viel tausendmal mehr deines seligen Worts bedürften! O wie unaussprechlich groß und wundersam ist deine Güte und Geduld! Wiederum Ach und Weh' über die Undankbarkeit und Blindheit derer, die dein Wort nicht allein nicht hören wollen, sondern es auch muthwillig verachten, verfolgen und lästern!

Der ewige Gott und Vater unsers Herrn Jesu Christi verleihe uns seine Gnade, daß wir die Heilige Schrift wohl und fleißig studiren, und Christum drinnen suchen und finden, und durch ihn das ewige Leben haben. Das helfe uns Gott mit Gnaden. Amen.[7]

....

Adresse: Chiesa Santa Maria del Popolo, Piazza del Popolo 12, 00187 Roma

9.
MUTTER TERESA VON KALKUTTA
Soziales Weltmodell

Mutter Teresa von Kalkutta kennen alle. Aber kennen wir nur ihren Namen, oder wissen wir nur, dass sie unendlich vielen Armen in Indien geholfen hat? Oder kennen wir auch etwas über ihr Denken, ihre Motive, ihr Beten, ihre Beziehung zu Gott? Sie selbst würde als erstes sagen: Fragt nicht nach mir, sondern fragt nach Gott. Wenn ihr nach ihm fragt und ihn sucht, dann könnt ihr die Welt aus den Angeln heben. Ich hab es ausprobiert.

Als ich selbst – der Schreiber dieses Buches – mit Papst Johannes Paul II. in Kalkutta war, habe ich ihr einmal die Hand gegeben und ihr sogar die Kommunion gereicht. Die kleine Frau aus Albanien war ein Fanal, ein lebendiges Zeichen für die ganze Welt. Alle Zeitgenossen rund um den Globus kannten sie in ihrem weiß-blauen Habit, mit dem kleinen Kreuz an der Schulter und dem Lächeln einer weisen, alten Frau.

Wie kam es zu diesem »Abenteuer Mutter Teresa von Kalkutta«? Geboren 1910 in dem mehrheitlich muslimischen Albanien trat sie mit 18 Jahren bei den Loreto-Schwestern in Irland ein. Diese schickten sie ins indische Bengalen. Dort war sie 18 Jahre lang Lehrerin, dann Schulleiterin an einer Mädchenschule des Ordens.

1946 meinte sie, die Stimme Christi zu hören, der sie anrief mit den Worten »Mich dürstet«, um sich ganz den Ärmsten

Mutter Teresa

der Armen zu widmen. Sie verließ mit Erlaubnis der Kirche ihre Gemeinschaft und kümmerte sich zunächst ganz allein um die in den Gossen Sterbenden. Bald schlossen sich ihr ehemalige Schülerinnen an, und sie gründete die »Missionarinnen der Nächstenliebe«. Diese kümmerten sich um Sterbende, Waisenkinder, Obdachlose, aber vor allem um Leprakranke. Ihre Gemeinschaft wuchs so schnell, dass sie bald in 130 Ländern der Erde tätig war. 1979 erhielt Mutter Teresa den Friedensnobelpreis. Bei der Verleihung bezeichnete sie, zum Staunen aller, die Abtreibung als größten Störer des Friedens. Die Staaten, die Abtreibung legalisiert hätten, seien die ärmsten Länder.

Ich erlaube mir eine Reflexion: »Mutter Teresa, du bist ein Mysterium. Denn was du geschaffen hast, geht nicht mit rein menschlichen Kräften. Du hast dich im Unterschied zu Millionen anderer nicht daran gewöhnt, dass Menschen einfach so in der Gosse sterben und niemand schaut hin. Du wusstest, dass du nicht alle Probleme von Kalkutta oder ganz Indiens oder der ganzen Welt beseitigen kannst. Du wusstest ja auch, dass die Hindus in ganz Indien der Überzeugung sind: Wer arm ist, hat in seinem Vorleben gesündigt, muss nun büßen, und wenn er oder sie jetzt büßt, dann kommt er im nächsten Leben in einer höheren Kaste zur Welt. Dir war also sicher auch klar, dass du mit deinem Tun viele Hindus vor den Kopf gestoßen hast, dass sie dir daher vielleicht an den Kragen gehen würden.

Du hast mit deinem Tun weltweit ein Ausrufezeichen gesetzt – ohne jede Werbeagentur, ohne jedes Programm, ohne jede revolutionäre Absicht. Obwohl du dich nicht ins Fernsehen drängtest. Du gleichst ein wenig Jesus. Er war, ähnlich wie Du, auch nur eine kleine Persönlichkeit. Dennoch: Er hat die Welt in eine neue Periode gebracht, mit ihm begann ein neues Zeitalter. Du hast dazu beigetragen, dass dieses neue Zeitalter Jesu Christi weitergeht. Du zeigst auch, dass Jesus recht hat, wenn er sagt: »Ihr seid das Licht der Welt. So soll euer Licht vor den Menschen leuchten«. *(Mt 5,14.16a)*

Gebet in Häusern von Mutter Teresa

»Die Leute sind unvernünftig, unlogisch und selbstbezogen,
liebe sie trotzdem.
Wenn du Gutes tust, werden sie dir egoistische Motive und Hintergedanken vorwerfen,
tue trotzdem Gutes.
Wenn du erfolgreich bist, gewinnst du falsche Freunde und echte Feinde,
sei trotzdem erfolgreich.
Das Gute, das du tust, wird morgen vergessen sein,
tue trotzdem Gutes.
Ehrlichkeit und Offenheit machen dich verwundbar,
sei trotzdem ehrlich und offen.
Was du in jahrelanger Arbeit aufgebaut hast, kann über Nacht zerstört werden,
baue trotzdem.
Deine Hilfe wird wirklich gebraucht, aber die Leute greifen dich vielleicht an, wenn du ihnen hilfst,
hilf ihnen trotzdem.
Gib der Welt dein Bestes, und sie schlagen dir die Zähne aus,
gib der Welt trotzdem dein Bestes.«[8]

Adresse: Chiesa San Gregorio, Piazza di San Gregorio al Celio 1, 00184 Roma.
Dort hatte Mutter Teresa im Kloster der Missionare der Nächstenliebe ihr Zimmer, in dem sie wohnte, wenn sie in Rom war. Es kann besucht werden.

10.
GALILEO GALILEI UND DIE KIRCHE
Wissenschaftsfeindliche Kirche?

Auch wer von Kirche und Theologie nur wenig Ahnung hat, weiß, dass die katholische Kirche den Wissenschaftler Galileo Galilei verurteilt hat. Der Grund dafür war: Galilei hatte die These vertreten, dass die Erde um die Sonne wandert. Bis dahin aber galt allgemein die Ansicht, die Sonne umkreise die Erde. Grund für diese Ansicht war vor allem: Die Erde musste das Zentrum des Kosmos sein, denn Gott war auf sie gekommen, er konnte nicht auf einen wandernden Planeten gekommen sein.

Gehen wir heute auf den Platz neben der Kirche Santa Maria sopra Minerva, wo einst das Hauptquartier der Dominikaner war. Hier wurde Galilei am 22. Juni 1633 wegen Häresie zu lebenslanger Kerkerhaft verurteilt. Freilich lebte Galilei dann ganz friedlich im Palazzo der toskanischen Botschaft in Rom und später in Siena. Heute schämen sich die Katholiken dafür, dass ihre Kirche so gegen die Wissenschaft vorging und Menschen wegen ihrer Ansichten einsperrte.

Ich erfinde hier einen Dialog mit Galilei.

Frage: *»Lieber Herr Professor Galilei, ist es Ihnen heute möglich, die Irrtümer der katholischen Kirche und ihr Vorgehen gegen Wissenschaftler zu entschuldigen? Können Sie den Verantwortlichen verzeihen?«*

Porträt des Galileo Galilei von Justus
Sundermans, 1636

Galilei: »Heute bin ich milder gestimmt als im Jahr 1633. Damals habe ich ja nach meiner Verurteilung einem Nachbarn zugeflüstert: ›Eppur si muove‹ – ›Sie – die Erde – bewegt sich eben doch um die Sonne‹. Wenn ich zurückdenke, muss ich schon meine Verwunderung darüber aussprechen, dass die Gebildeten in Rom mich und meine Argumente nicht verstanden. Sie hätten ja mal sagen können: Über deine Thesen müssen wir nachdenken und diskutieren. Aber sie waren sich ihrer Sache so sicher. Sie waren noch nicht aufgeklärt, ließen dem Denken keinen freien Raum. Sie haben mir ja vorgeschlagen, nur eine Hypothese vorzutragen, also eine Vermutung, keine These, keine Sicherheit. – Vor allem muss ich heute auch sagen: Mit dem christlichen Glauben ist es nicht immer zurückgegangen, wie ja manche Menschen behaupten. Nein – es ist vorwärts gegangen, denn die Theologen haben erkannt, dass es neben dem Glauben auch die Vernunft und die Wissenschaft gibt. Man hat im Lauf der Jahrhunderte erkannt, dass Glaube und Vernunft zusammengehören. Man hat erkannt: Der christliche Glaube widerspricht nicht der Vernunft, er ist vernünftig. Aber man hat auch erkennen müssen, dass der Mensch für ein humanes Leben eben nicht nur kontrollierende Wissenschaft braucht, sondern auch das, was man Glauben nennt. Zu unzähligen humanen Verhaltensweisen gibt es nichts anderes als Glauben. Wenn jemand beispielsweise heiratet, muss er an das Jawort des Partners glauben. Wenn man Verträge schließt, muss man glauben. Ohne Vertrauen und Glauben an das Wort des Anderen kann man nicht leben.«

Frage: »Und wie beurteilen Sie heute den Gang der Kirche? Ist sie zu arrogant, wenn sie behauptet, in entscheidenden Fragen sei der Papst unfehlbar?«

Galilei: »Heute weiß ich, dass die Kirche seit ihrem Anfang eine Gemeinschaft ist, die in manchen Fragen irrt, aber auch bereit ist zu lernen und dass sie lernt. Sie ist eine ständig Lernende, weil sie Jesus Christus und die Offenbarung noch nie ganz verstanden hat. Sie muss ja immer von dem jeweiligen aktuellen Wissensstand, der immer begrenzt ist, ausgehen. Sie gebraucht Begriffe, um die Welt zu verstehen und zu erklären. Aber durch neues Verstehen, ändern sich die Begriffe und werden neue Begriffe gefunden. Die Kirche glaubt zwar zu Recht, in der christlichen Offenbarung die Wahrheit zu haben. Aber diese Wahrheit muss immer wieder neu den Zeitumständen entsprechend ausgesagt werden. Daher ändert sich die Form der Lehre, nicht die Lehre selbst.«

Frage: »Also ist die Kirche nicht unfehlbar, wie sie aber behauptet?«

Obelisk vor der Kirche S. Maria sopra Minerva

Galilei: »Heute weiß ich: Man muss immer unterscheiden zwischen dem eigentlichen Glaubensbekenntnis und anderen Sätzen, die nicht zentral sind. Dass die Erde um die Sonne kreist, steht weder in der Bibel, noch hat ein Konzil dies erklärt. Aus meiner himmlischen Warte sage ich: Das eigentliche Glaubensbekenntnis kann sich nicht ändern. Aber die Aussageform seines Inhalts ändert sich. Das wird am leichtesten einsehbar, wenn man das griechische Neue Testament in Sprachen Asiens und Afrikas übersetzt. Schon allein das Wort ›Gott‹ bekommt bei der Übersetzung in andere Sprachen oft eine andere Tönung. Oder die Worte ›Erlösung‹, ›Auferste-

hung‹, ›ewiges Heil‹. Und nicht nur geographisch ändern sich die Bedeutungen von Grundbegriffen, sondern auch zeitlich, historisch. Das Wort ›Himmel‹ hatte für frühere Generationen eine andere Bedeutung als für euch, die ihr jetzt lebt. Und zu meiner These: Die Menschheit hatte bis zu meiner Zeit den Eindruck, dass die Sonne um die Erde kreist. Ich habe zusammen mit meinem Kollegen in Ostpreußen, Nikolaus Kopernikus, erkannt, dass das ein Irrtum ist. Man hat mir vom Vatikan auch erlaubt, diese Ansicht als Hypothese zu vertreten, aber nicht als sichere Behauptung.«

»Besten Dank! Herr Professor Galilei, für diese Klarstellungen!«

Draußen auf dem Platz vor dem früheren Dominikanerkloster steht der berühmte Elefant mit einem Obelisken auf dem Rücken. Hier sieht man, dass Unmögliches manchmal möglich ist. Unweit von hier ist das Pantheon.

Wir schließen das Gespräch mit Professor Galilei mit Worten aus Psalm 8:
»Herr, unser Herrscher,
wie gewaltig ist dein Name auf der ganzen Erde;
über den Himmel breitest du deine Hoheit aus.
Seh ich den Himmel, das Werk deiner Finger,
Mond und Sterne, die du befestigt:
Was ist der Mensch, dass du an ihn denkst,
des Menschen Kind, dass du dich seiner annimmst?
Du hast ihn nur wenig geringer gemacht als Gott,
hast ihn mit Herrlichkeit und Ehre gekrönt.«   *(Ps 8,1.3–5)*

Adresse: Sitz des Dominikanerordens, Piazza della Minverva

11.
AUGUSTINUS
Wozu geschlechtliche Liebe?

Nicht weit von der Piazza Navona, die von allen Romtouristen besucht wird, steht die Kirche Sant'Agostino. Zwei Bilder in der Kirche werden von Profis bestaunt. Links hinten ist die ›Madonna dei pellegrini‹ von Caravaggio. Das Bild beeindruckt mich. Es ist nicht sehr ›fromm‹, denn man sieht eine schöne junge Frau mit einem dicken Baby auf dem Arm, die sich zu zwei armen Bettlern niederbeugt. Das ›Aufregende‹ an dem Gemälde ist der Blick der Frau, ihre schöne Kleidung und die Haltung ihrer Füße: Ein Fuß über den anderen gestellt schaut sie ein wenig peinlich berührt zu den Bettlern hinunter. Diese scheinen ihr fremd. Denn die Bettler sind im Vergleich zu ihr wirklich armselig, sie beugen sich bittend vor, heben ihre Hände. Und der Maler zeigt vor allem die schmutzigen Fußsohlen des Mannes. Dazu alles in dem typischen Licht von Caravaggio. Man sollte sich das Bild eine Weile in Ruhe anschauen.

Weiter vorne in der Kirche sieht man an einem der linken Pfeiler das Fresko des Propheten Jeremia von Raffael. Zu ihm kann ich hier nicht mehr sagen. Es geht aber hier in der Kirche um den heiligen Augustinus. In ihr ruhen seit dem 15. Jahrhundert die Gebeine seiner Mutter Monnica.

Meiner Meinung nach hat der heilige Augustinus europäische Geistesgeschichte geschrieben. Seine Kenner werden ihn über alles loben und sein denkerisches Werk würdigen und verehren, seine Kritiker scharf beurteilen. Ich möchte mich – da ich nun in seiner Kirche bin – mit ihm auseinandersetzen.

Caravaggio, Madonna dei Pellegrini

Der Mann aus dem heutigen Tunesien wurde 354 geboren und ist 430 gestorben. 396 wurde er Bischof von Hippo im heutigen Algerien. Er war neben Hieronymus, Ambrosius von Mailand und Papst Gregor dem Großen einer der vier lateinischen Kirchenväter der Spätantike und ein wichtiger Philosoph an der Schwelle zwischen Antike und Frühmittelalter. Er wird als heiliger Kirchenlehrer verehrt. Ich beschränke mich in seiner Biographie auf einige entscheidenden Fragen, deretwegen er bewundert und auch von manchen scharf kritisiert wird.

Vorab die Kritikpunkte, deretwegen er auch abgelehnt wird: Er sei ein Skrupulant gewesen, denn bis zu seinem Tod sprach er immer wieder von einem Diebstahl von ein paar Birnen aus Nachbars Garten. Zweitens: Er sei psychisch nicht im Lot gewesen, denn er vertrat die These, die Lust beim Beischlaf mit der eigenen Frau sei Folge der Erbsünde. Sie sei nur zu dulden, wenn ein Kind gezeugt werden soll. Drittens: Sie werfen ihm Selbstbespiegelung durch sein großes Buch der – Bekenntnisse – vor.

Die meisten aber, die ihn gut kennen, bewundern ihn als Denker und Christ. Um es kurz zu sagen: Er erkannte im Lauf seines stürmischen Lebens: Um wirklich ganz Mensch zu sein, reichen weder sexuelle Lust noch rationale Vernunft. Das Menschenherz braucht vor allem eine Heimat, und die findet es nur bei Gott. Sein geschichtsprägendes Wort lautete: »Du hast uns zu dir hin geschaffen, und unruhig ist unser Herz, bis es ruht in dir.«

In unserer Zeit spielen nun die Sexualität und das Verhältnis von Glaube und Vernunft eine sehr große Rolle. Daher möchte ich darüber ein wenig mit Augustinus plaudern.

Die Fragen, über die ich mit Augustinus sprechen möchte.

Zum Sex: *Heute wächst die Zahl der Menschen, die der Ansicht sind, es sei unvermeidlich, den sexuellen Partner dann und wann zu wechseln. Es gehe auf die Dauer schlecht, ein Leben lang beim gleichen Partner auszuhalten. Wechsel in gegenseitiger Abstimmung sei sehr human. Dann eben weiter wie bisher. Zur Religion: Viele sind der Ansicht, einen religiösen Glauben könne zwar jeder haben, der das brauche. Aber Religion dürfe in der Gesellschaft keine Rolle spielen. Der Staat sei religionsneutral.*

Meine Frage: *»Lieber Augustinus, magst Du mir aus deiner reichen denkerischen und sexuellen Erfahrung dazu was sagen?«*

Augustinus: *»Ich weiß! Manche Theologen sind der Überzeugung, durch mich sei ein falsches Verständnis von Ehe und Sexualität in die katholische Kirche und Theologie gekommen. Ich hätte die Idee aufgebracht, die Sünde von Adam und Eva* *im Paradies sei eine sexuelle Sünde gewesen. Seither schauen Katholiken skeptisch auf die Ehe. Seither würden alle Menschen mit der Erbsünde geboren. Die Lust beim Geschlechtsverkehr dürfe nur geduldet werden, wenn ein Kind gezeugt werden soll. So das, was manche Theologen heute über meine Ansichten lehren. Tatsächlich ist manches meine Schuld an falscher Auffassung, ich kann das hier nicht alles darlegen. Es ist zu kompliziert.«*

Meine Frage: *»Kardinal Josef Ratzinger schrieb: ›Die Geschichte der katholischen Ehe-Moral erscheint uns heute als ein besonders tragisches und dunkles Kapitel in der Geschichte des christlichen Denkens.«*

Augustinus: *»De facto kam ich lange Zeit auch nicht los von meinem sexuellen Drang, ich war gefangen, gezwungen. In Mailand, wo ich ein gefeierter Professor war, lebte ich mit meiner Freundin. Dann wollte ich ein minderjähriges Mädchen heiraten, da verließ mich meine Freundin, und ich wollte eine andere haben. Aber ich war unglücklich, unzufrieden. Ich wusste, dass ich unfrei war und wollte frei werden. Aber das war ein langer Kampf. Ich begann tiefer über den Gott der Christen nachzudenken. Ich hatte eine große Denkaufgabe. Ich schlug mich ewig mit verschiedenen theologischen Richtungen herum, unter anderem mit dem Manichäismus. Ich begann mit Gott zu ringen. Aber meine Vernunft sträubte sich. Ich wollte nicht irrational handeln. Schließlich war ich auch Jurist. Aber ich fühlte: Mein Ich war leer. Mein Denken fuhr an die Wand, mein Sex trieb mich in den Dreck. Ich schämte mich, wollte mit mir nichts zu tun haben. So habe ich dorthin gebrüllt, wo ich hoffte, dass mich dieser Gott der Christen hört. Aber es kam dann alles wie ein Wunder. Ich saß in meinem Garten, hörte aus dem Nachbargarten Kinderstimmen, die sangen ›Nimm und lies‹. Ich nahm die Bibel, schlug sie auf* und traf per Zufall die Sätze im Römerbrief ›Ziehet den Herrn Jesus Christus an und pfleget das Fleisch nicht so, dass seine Begierden erwachen‹ (Röm 13,14). Dann durchströmte mich ein Licht der Sicherheit und ich war geheilt.«

Meine Frage: »Kann deine Erfahrung für Europa, dem ehemals christlichen Kontinent, im Jahr 2020 etwas bedeuten?«

Augustinus: »Ihr müsst euch, so wie ich es tat, mit eurer Unzufriedenheit befassen. Ihr habt zu essen, zu trinken, Freizeit. Viele haben mehr Sex als gut ist, und dennoch seid ihr im tiefsten Inneren wohl nicht zufrieden, nicht glücklich. Ihr braucht immer mehr Spaß und Abwechslung und Neuigkeiten. Ich fürchte: Im alten Europa fehlt das kritische Denken, das in meiner Zeit schon recht gut entwickelt war. Es fehlt Selbstkritik. Ihr macht euch vor, zufrieden zu sein. Aber ihr seid es nicht. Ich glaube auch für Euch gilt: ›Ihr seid für Gott geschaffen. Und unruhig ist Euer Herz, bis es Ruhe findet in Gott‹.«

Meine Frage: »Und wie steht es um das Verhältnis von Glauben und Vernunft? Kann religiöser Glaube auch vernünftig sein, kann er vernünftig begründet werden, gehen Glauben und Vernunft zusammen? Viele moderne, aufgeklärte Menschen sagen, sie könnten nicht glauben? Glauben komme nur aus dem Gefühl, nur schwache Denker könnten religiös glauben.«

Augustinus: »Ziemlich genau das Gegenteil ist richtig. Die Entscheidung, an einen Gott zu glauben, ist eine vernünftige Entscheidung. Ein solcher Glaube entspricht dem menschlichen Bedürfnis und zwar nicht nur dem Bedürfnis des ungebildeten Menschen, sondern gerade auch dem Bedürfnis des Gebildeten. Wer den Menschen in seiner Tiefe kennt, weiß, dass ein religiöser Glaube dem Menschsein entspricht. Freilich kann man niemandem mit einem naturwissenschaftlichen, mathematischen Argument beweisen, dass es Gott gibt. Aber es gibt auch das *vernünftige, philosophische und humanistische Denken. Ihm widerspricht der Glaube an einen Gott überhaupt nicht.«*

Meine Frage: »*Und wie steht es mit dem Glauben an Jesus Christus, den die Christen als Menschwerdung Gottes verehren? Ist der Glaube an Jesus Christus als Sohn Gottes rational verantwortbar?*«

Augustinus: »*Ja, auch der Glaube an Jesus Christus als Menschwerdung Gottes, als Gott und Mensch ist rational verantwortbar. Freilich fordert er tatsächlich noch den Sprung des Glaubens. Um zu diesem Glauben zu kommen, braucht es menschlich gesehen eine Art Sprung. Man kann ihn rational verantworten, aber es fordert das Loslassen, den Sprung, das Wagnis, das ›Sich-auf-Christus-Einlassen‹. Wer sich auf ihn einlässt, erfährt, dass dieser Sprung kein Sprung in den Abgrund ist, sondern dass er trägt.*«

Meine Frage: »*Was ist wichtiger und was kommt zuerst ›Glauben oder Denken? Glauben oder Fragen?‹*

Augustinus: »*Zum Glauben kommt man – wenn man ihn nicht von den Eltern übernommen hat – vor allem durch Fragen, durch kritisches Fragen und Denken. Durch Denken muss man an die Grenze der Antworten kommen, an die Grenzen des Lebens. Das Denken hindert nicht den Weg zum Glauben, sondern dient ihm. Ich – Augustinus – kam durch das Denken bis an die Tür zum Glauben. Aufmachen musste ich dann selbst. Und als ich die Tür aufgemacht hatte, kam ich ins Licht. Und viele Fragen erhielten eine Antwort, die ich mir vorher gestellt hatte.*

Darf ich abschließend meinen verehrten Bewunderer Papst Benedikt zitieren. Er sagte 2006 in seiner berühmten Regensburger Rede, schon allein der Dialog mit den anderen Religionen fordere die Vernunft. Denn der Ausschluss des Göttlichen aus der Vernunft werde von ihnen als Verstoß gegen ihre innersten

Überzeugungen angesehen. Und wörtlich sagte Papst Benedikt weiter: *»Eine Vernunft, die dem Göttlichen gegenüber taub ist und Religion in den Bereich der Subkulturen abdrängt, ist unfähig zum Dialog der Kulturen Die naturwissenschaftliche Vernunft muss die rationale Struktur der Materie wie die Korrespondenz zwischen unserem Geist und den in der Natur waltenden rationalen Strukturen ganz einfach als Gegebenheit annehmen, auf der ihr methodischer Weg beruht. Der Westen ist seit langem von dieser Abneigung gegen die grundlegenden Fragen seiner Vernunft bedroht und könnte damit einen großen Schaden erleiden. Mut zur Weite der Vernunft, nicht Absage an ihre Größe – das ist das Programm, mit dem eine dem biblischen Glauben verpflichtete Theologie in den Disput der Gegenwart eintritt. Nicht vernunftgemäß, nicht mit dem Logos handeln ist dem Wesen Gottes zuwider.«*

Schließen wir das Gespräch mit Augustinus mit dem bekannten Gebet[9]**:**
»Seele Christi, heilige mich.
    Leib Christi, rette mich.
    Blut Christi, tränke mich.
    Wasser der Seite Christi, wasche mich.
    Leiden Christi, stärke mich.
    O guter Jesus, erhöre mich.
    Birg in deinen Wunden mich.
    Von dir lass nimmer scheiden mich.
    Vor dem bösen Feind beschütze mich.
    In meiner Todesstunde rufe mich,
    zu dir zu kommen heiße mich,
    mit deinen Heiligen zu loben dich
    in deinem Reiche ewiglich. Amen.«

Adresse: Via della Scrofa 80, 00186 Roma, bei der Piazza Navona

12.
EDITH STEIN
Päpstliche Judenrettung

Heute müssen wir weit aus dem Zentrum von Rom nach Osten in die nicht so schöne Vorstadt »Torre Angela« fahren. Dort steht die ›Chiesa di Sant' Edith Stein‹.

Im Jahr 1989 wurde die konvertierte Jüdin Edith Stein von Papst Johannes Paul II. heiliggesprochen. Bei ihrem Tod im Jahr 1942 hieß sie mit ihrem Ordensnamen als Karmelitin Schwester Teresia Benedicta vom Kreuz.

Kurz ihre Geschichte: Das 1891 geborene philosophisches Genie wuchs in Breslau in einer jüdischen Kaufmannsfamilie auf, studierte Philosophie, Geschichte und Germanistik, bezeichnete sich dann als Atheistin. In ihrer Promotion setzte sie sich mit Thomas von Aquin, Husserl und Heidegger auseinander. Durch die Lektüre der Autobiographie der Teresa von Avila kam sie 1922 zum katholischen Glauben und trat 1933 in den Orden des Karmel ein.

Nach Rom kam sie nie, aber im vatikanischen Archiv liegt ein sehr wichtiges, historisches Schreiben von ihr aus dem Jahr 1933 an Papst Pius XI. Sie bat ihn dringend um einen Protest gegen die Verfolgung der Juden in Deutschland. Hier der gesamte Text des Briefes:

»*Heiliger Vater!*
Als Kind des jüdischen Volkes, das durch Gottes Gnade seit elf Jahren ein Kind der katholischen Kirche ist, wage ich es vor dem Vater der Christenheit auszusprechen, was Millionen von Deutschen bedrückt.

Edith Stein, 1938/39

Seit Wochen sehen wir in Deutschland Taten geschehen, die jeder Gerechtigkeit und Menschlichkeit – von Nächstenliebe gar nicht zu reden – Hohn sprechen. Jahre hindurch haben die nationalsozialistischen Führer den Judenhass gepredigt. Nachdem sie jetzt die Regierungsgewalt in ihre Hände gebracht und ihre Anhängerschar – darunter nachweislich verbrecherische Elemente – bewaffnet hatten, ist diese Saat des Hasses aufgegangen. Dass Ausschreitungen vorgekommen sind, wurde noch vor kurzem von der Regierung zugegeben. In welchem Umfang – davon können wir uns kein Bild machen, weil die öffentliche Meinung geknebelt ist. Aber nach dem zu urteilen, was mir durch persönliche Beziehungen bekannt geworden ist, handelt es sich keineswegs um vereinzelte Ausnahmefälle. Unter dem Druck der Auslandsstimmen ist die

Regierung zu »milderen« Methoden übergegangen. Sie hat die Parole ausgegeben, es solle »keines Juden ein Haar gekrümmt werden«. Aber sie treibt durch ihre Boykotterklärung – dadurch dass sie den Menschen wirtschaftliche Existenz, bürgerliche Ehre und ihr Vaterland nimmt – viele zur Verzweiflung: Es sind mir in der letzten Woche durch private Nachrichten fünf Fälle von Selbstmord in Folge dieser Anfeindungen bekannt geworden. Ich bin überzeugt, dass es sich um eine allgemeine Erscheinung handelt, die noch viele Opfer fordern wird. Man mag bedauern, dass die Unglücklichen nicht mehr inneren Halt haben, um ihr Schicksal zu tragen. Aber die Verantwortung fällt doch zum großen Teil auf die, die sie so weit brachten. Und sie fällt auch auf die, die dazu schweigen.

Alles was geschehen ist und noch täglich geschieht, geht von einer Regierung aus, die sich »christlich« nennt. Seit Wochen warten und hoffen nicht nur die Juden, sondern Tausende treuer Katholiken in Deutschland – und ich denke, in der ganzen Welt – darauf, dass die Kirche Christi ihre Stimme erhebt, um diesem Missbrauch des Namens Christi Einhalt zu tun. Ist nicht diese Vergötzung der Rasse und der Staatsgewalt, die täglich durch Rundfunk den Massen eingehämmert wird, eine offene Häresie? Ist nicht der Vernichtungskampf gegen das jüdische Blut eine Schmähung der allerheiligsten Menschheit unseres Erlösers, der allerseligsten Jungfrau und der Apostel? Steht nicht dies alles im äußersten Gegensatz zum Verhalten unseres Herrn und Heilands, der noch am Kreuz für seine Verfolger betete? Und ist es nicht ein schwarzer Flecken in der Chronik dieses Heiligen Jahres, das ein Jahr des Friedens und der Versöhnung werden sollte?

Wir alle, die wir treue Kinder der Kirche sind und die Verhältnisse in Deutschland mit offenen Augen betrachten, fürchten das Schlimmste für das Ansehen der Kirche, wenn das Schweigen noch länger anhält. Wir sind auch der Überzeugung, dass dieses Schweigen nicht im Stande sein wird, auf die Dauer den Frieden mit der gegenwärtigen deutschen Regierung zu erkaufen. Der Kampf gegen den Katholizismus wird vorläufig noch in der Stille und in weniger brutalen Formen geführt wie gegen das Judentum, aber nicht weniger systematisch. Es wird nicht mehr lange dauern, dann wird in Deutschland kein Katholik mehr ein Amt haben, wenn er sich nicht dem neuen Kurs bedingungslos verschreibt.

*Zu Füßen Eurer Heiligkeit
Um den Apostolischen Segen bittend
Dr. Edith Stein
Dozentin am Deutschen Institut für wissenschaftliche Pädagogik.*[10]

Ob Papst Pius XI. den Brief gelesen hat, ist nicht bekannt. Bekannt aber ist, dass sein Nachfolger Pius XII. mit seinen Ratgebern lange Zeit gerungen hat um die Frage, ob ein päpstlicher Protest den Juden geholfen oder sogar eher geschadet hätte. Viele Fachleute rieten: Der Vatikan soll den Juden helfen, zu fliehen und nicht öffentlich protestieren. Und die Historiker wissen, dass unzählige Juden durch kirchliche Hilfe Europa verlassen konnten.

Edith Stein wurde im Jahr 1942 nach Auschwitz verbracht und dort vergast.

Ich erlaube mir, einen Brief an Edith Stein, Schwester Teresia Benedicta zu schreiben:

*Verehrte Mitschwester,
Mich bewegt eine Frage seit langer Zeit: Die Frage und Suche nach Gott ist in Mitteleuropa kaum mehr öffentlich*

zu vernehmen. Sie selbst waren als hochgebildete Frau von dieser Frage umgetrieben und bewegt. Warum und wie konnte es geschehen, dass das »Volk der Dichter und Denker« scheinbar so sehr das Fragen und Denken vergessen hat? Ist es der Wohlstand, den wir seit 70 Jahren haben? Ist es das technische, organisatorische Denken, das Denken der Macher? Ist es der reine Pragmatismus? Wie sehr ist die Kirche daran schuld? Braucht es Not, damit der Mensch denkt und betet? Ist es die Aufklärung, die meint, der Mensch könne den ganzen Kosmos und seine Geschichte verstehen und erklären, ohne die »Arbeitshypothese Gott«?

Oder noch eine andere Frage: Gelingt es der Kirche nicht, die Gestalt Jesu Christi dem aufgeklärten Menschen so vorzustellen, dass er beginnt, sich wenigstens für Christus zu interessieren, über ihn nachzudenken, sich mit der historischen Gestalt auseinanderzusetzen. Denn Jesus hat ja wohl einen enormen Einfluss auf die Kultur Europas gehabt, auf das Menschenbild des Europäers und auf die Vorstellung von Gesellschaft in Europa.

Die Menschen der Neuzeit haben sich mit Karl Marx, mit Sigmund Freud, mit Friedrich Nietzsche und mit Jean-Paul Sartre auseinandersetzen müssen, und sie haben es mehr oder weniger getan. Müssten nicht alle Denker sich kritisch und selbstkritisch mit dem Mann aus Nazareth auseinandersetzen? Oder steht dem einfach nur die Kirche mit ihren Schwächen im Weg? Ist nur die Kirche daran schuld, dass die Menschen sich nicht für Christus interessieren?

Verehrte Frau Dr. Stein, bitte helfen Sie uns von ihrem himmlischen Platz aus, unsere Defekte zu erkennen und uns dann zu bessern. Danke für Ihr Zuhören.

Aus der Erklärung des Zweiten Vatikanischen Konzils über das Verhältnis der katholischen Kirche zum Judentum:
»Bei ihrer Besinnung auf das Geheimnis der Kirche gedenkt die Heilige Synode des Bandes, wodurch das Volk des Neuen Bundes mit dem Stamme Abrahams geistlich verbunden ist. So anerkennt die Kirche Christi, dass nach dem Heilsgeheimnis Gottes die Anfänge ihres Glaubens und ihrer Erwählung sich schon bei den Patriarchen, bei Moses und den Propheten finden. Sie bekennt, dass alle Christgläubigen als Söhne Abrahams dem Glauben nach in der Berufung dieses Patriarchen eingeschlossen sind, und dass in dem Auszug des erwählten Volkes aus dem Lande der Knechtschaft das Heil der Kirche geheimnisvoll vorgebildet ist. Deshalb kann die Kirche auch nicht vergessen, dass sie durch jenes Volk, mit dem Gott aus unsagbarem Erbarmen den Alten Bund geschlossen hat, die Offenbarung des Alten Testamentes empfing und genährt wird von der Wurzel des guten Ölbaums, in den die Heiden als wilde Schösslinge eingepfropft sind. Denn die Kirche glaubt, dass Christus, unser Friede, Juden und Heiden durch das Kreuz versöhnt und beide in sich vereinigt hat. Die Kirche hat auch stets die Worte des Apostels Paulus vor Augen, der von seinen Stammverwandten sagt, dass »ihnen die Annahme an Sohnes Statt und die Herrlichkeit, der Bund und das Gesetz, der Gottesdienst und die Verheißungen gehören wie auch die Väter, und dass aus ihnen Christus dem Fleische nach stammt« (Röm 9,4-5), der Sohn der Jungfrau Maria. Auch hält sie sich gegenwärtig, dass aus dem jüdischen Volk die Apostel stammen, die Grundfesten und Säulen der Kirche, sowie die meisten jener ersten Jünger, die das Evangelium Christi der Welt verkündet haben.

Wie die Schrift bezeugt, hat Jerusalem die Zeit seiner Heimsuchung nicht erkannt, und ein großer Teil der Juden hat das

Evangelium nicht angenommen, ja nicht wenige haben sich seiner Ausbreitung widersetzt. Nichtsdestoweniger sind die Juden nach dem Zeugnis der Apostel immer noch von Gott geliebt um der Väter willen; sind doch seine Gnadengaben und seine Berufung unwiderruflich. Mit den Propheten und mit demselben Apostel erwartet die Kirche den Tag, der nur Gott bekannt ist, an dem alle Völker mit einer Stimme den Herrn anrufen und ihm »Schulter an Schulter dienen« (Soph 3,9). Da also das Christen und Juden gemeinsame, geistliche Erbe so reich ist, will die Heilige Synode die gegenseitige Kenntnis und Achtung fördern, die vor allem die Frucht biblischer und theologischer Studien sowie des brüderlichen Gespräches ist. Obgleich die jüdischen Obrigkeiten mit ihren Anhängern auf den Tod Christi gedrungen haben, kann man dennoch die Ereignisse seines Leidens weder allen damals lebenden Juden ohne Unterschied noch den heutigen Juden zur Last legen.

Gewiss ist die Kirche das neue Volk Gottes, trotzdem darf man die Juden nicht als von Gott verworfen oder verflucht darstellen, als wäre dies aus der Heiligen Schrift zu folgern. Darum sollen alle dafür Sorge tragen, dass niemand in der Katechese oder bei der Predigt des Gotteswortes etwas lehre, das mit der evangelischen Wahrheit und dem Geiste Christi nicht im Einklang steht. Im Bewusstsein des Erbes, das sie mit den Juden gemeinsam hat, beklagt die Kirche, die alle Verfolgungen gegen irgendwelche Menschen verwirft, nicht aus politischen Gründen, sondern auf Antrieb der religiösen Liebe des Evangeliums alle Hassausbrüche, Verfolgungen und Manifestationen des Antisemitismus, die sich zu irgendeiner Zeit und von irgend jemandem gegen die Juden gerichtet haben. Auch hat ja Christus, wie die Kirche immer gelehrt hat und lehrt, in Freiheit, um der Sünden aller Menschen willen, sein Leiden und seinen Tod aus unendlicher Liebe auf sich genommen, damit alle das Heil erlangen. So ist es die Aufgabe der Predigt der Kirche, das Kreuz Christi als Zeichen der universalen Liebe Gottes und als Quelle aller Gnaden zu verkünden.«

(Nostra Aetate 4)

Psalm 114
»Als Israel aus Ägypten auszog,
Jakobs Haus aus dem Volk mit fremder Sprache,
da wurde Juda Gottes Heiligtum
Israel das Gebiet seiner Herrschaft.
Das Meer sah es und floh,
der Jordan wich zurück.
Die Berge hüpften wie Widder,
die Hügel wie junge Lämmer.
Was ist mir dir, Meer, dass du fliehst,
und mit dir Jordan, dass du zurückweichst?
Ihr Berge, was hüpft ihr wie Widder,
und ihr Hügel wie junge Lämmer?
Vor dem Herrn erbebe du, Erde,
vor dem Antlitz des Gottes Jakobs,
der den Fels zur Wasserflut wandelt
und Kieselgestein zu quellendem Wasser.«

Ich richte jetzt hier ein Gebet an die heiliggesprochene Edith Stein:
Liebe Schwester Teresia Benedicta, wir erleben in der neuesten Zeit eine Rückkehr des Antisemitismus. Er kommt nicht aus religiösen, sondern aus politischen, wirtschaftlichen, kulturellen Gründen. Bitte den Vater im Himmel, damit er den Christen in Europa den Mut gebe, heute die Juden zu verteidigen. Jesus stammte ja auch aus deinem Volk der Juden. Hilf, dass die Getauften ihr Leben in Jesus Christus

verankern. Durch diese Verankerung in Christus ist es ihnen möglich, sich der Dummheit, dem Hass, der Angst entgegenzustellen. Und bete im Himmel für die Juden in Israel, dass sie Verständnis haben für die Palästinenser, dass die israelischen Politiker die Rechte und Würde der Palästinenser respektieren. Liebe Schwester Teresia Benedicta, bitte für die Menschheit, dass sie nicht zurückfällt in überkommene Feindschaften, dass sie den Wert des Friedens schätzt und ihn verteidigt. Hilf den Menschen im Wohlstand, über den Tag hinaus zu denken und sich zu erinnern an die schrecklichen Zeiten von Krieg und Verfolgung. Bitte den Vater im Himmel, dass er der Menschheit erneut den Heiligen Geist sende.

Adresse: Chiesa Santa Edith Stein Roma, Via Siculiana 1160, 00133 Roma, Bezirk Torra Angela

13.
DIETRICH BONHOEFFER
Evangelischer Romfreund und Märtyrer

Heute gehen wir in die evangelisch-lutherische Christuskirche. Sie liegt nicht weit von der reichen Via Veneto, aber auch nicht entfernt von der uralten Aurelianischen Mauer. Dort treffen wir einen außergewöhnlichen Romfreund: den evangelischen Theologen Dietrich Bonhoeffer. Im Jahr 1924 reiste er gerade 18-jährig zusammen mit seinem Bruder nach Rom. Die klassische Antike spielte damals am Gymnasium eine außerordentliche Rolle. So absolvierten die beiden Brüder ein Mammutprogramm der Bildung. Aber dem jungen Theologiestudenten und zukünftigen Pfarrer kam auch die Grundfrage: Was ist das eigentlich, ›Kirche‹?

Die Brüder besuchten viele Messfeiern. Dabei erlebten sie die Weite und Einheit der katholischen Kirche über Rassen und Ländergrenzen hinweg. Sie erlebten ihre Universalität. Bonhoeffers Denken wurde tief beeinflusst und es tauchte der Gedanke der Ökumene auf.

Sie hatten Ostern für ihre Reise gewählt, um die Liturgien zu verfolgen. So waren sie in Gottesdiensten in Sankt Peter, San Giovanni in Laterano, Santa Maria Maggiore. Die feierlichen Liturgien, die sichtbare Andacht der Gläubigen, die gelebte Tradition beeindruckten Bonhoeffer. Aus Rom schrieb er nach Deutschland. »Ich fange an, den Begriff Kirche zu verstehen«.[11] Auch wenn er in seinem Denken und Beten evan-

Dietrich Bonhoeffer als Student

gelisch blieb, so erkannte er doch, dass man sich nördlich der Alpen manchmal eine falsche Vorstellung von Rom und der katholischen Kirche macht. In sein Tagebuch schreibt er: »Fabelhaft wirkt die Universalität der Kirche, Weiße, Schwarze, Gelbe, alle in geistlichen Trachten vereint unter der Kirche, doch sehr ideal.«[12]

Am Gründonnerstag notiert er in seinem Tagebuch: »Nachmittag wieder St. Peter um halb 5 Uhr mit unserm katholischen Priesterseminaristen Platte-Platenius. Jetzt ging mir zum ersten Mal die Messordnung auf, da er das Missale Romanum mithatte. Die Liturgie war fabelhaft zusammengestellt, interessant, wie die katholische Kirche Psalmen für ihre Zwecke auslegt, die ganz andere historische Bedeutung haben. – Auf dem Rückweg lange Unterhaltung mit Platte-Platenius über die Bedeutung des Opfers in der katholischen Kirche. Der moderne Katholizismus symbolisiert, was er verstandesmäßig nicht begreifen kann; der Protestantismus lässt hier auch noch die Symbole fallen, ist traditionsloser und ehrlicher«.[13]

Bis zu seinem Märtyrertod in Flossenbürg fragt er sich: Wie existieren Christen, wie lebt Christus in uns? Bonhoeffer wurde in Rom ganz offen für Neues und Fremdes. Er sah Gebildete und weniger Gebildete, Junge und Alte. Seither rang er auch mit der Frage nach der Beichte in der lutherischen Kirche.

Drei Monate verbringt Dietrich Bonhoeffer in Italien. Vor der Rückfahrt nach Deutschland, geht Bonhoeffer noch einmal in den Petersdom, um Abschied zu nehmen von dieser Stadt. Im Tagebuch steht »Noch einmal zum Schluss sah ich, was Katholizismus ist, und gewann ihn wieder herzlich lieb«.[14]

Die zweite Reise von Dietrich Bonhoeffer war völlig anders motiviert, sie war weniger historisch-theologisch. Bonhoeffer war seit der Machtergreifung Adolf Hitlers ausgesprochen kritisch gegen die Nationalsozialisten und verlor dadurch manche Freunde in Deutschland. Auch aus diesem Grund übernahm er 1933 eine evangelische Pfarrstelle in London. Sein Freund, der Theologe Karl Barth, mahnte ihn, er müsse eigentlich nach Deutschland zurückkehren, wenn er seiner Gesinnung treu bleiben wolle. So kehrte Bonhoeffer 1935 nach Berlin zurück. Er bekam dort Kontakt zu den Hitler-Widerständlern Canaris, Oster und Beck. So fuhr er 1942 wieder nach Rom, um über den Vatikan Kontakt zur britischen Regierung zu bekommen. Er wollte London über die deutschen Umsturzpläne informieren. In London hatte er vor allem sehr guten und intensiven Kontakt und Gedankenaustausch mit dem anglikanischen Bischof Georg Bell bekommen. Er wollte London ersuchen, den Hitler-Widerstand zu unterstützen.

Kein Wunder also, dass Bonhoeffer den Machthabern in Berlin seit langem bekannt war. Am 5. April 1943 wurde er wegen ›Wehrkraftzersetzung‹ verhaftet und angeklagt. Das Strafverfahren wurde nicht eröffnet, weil ein Freund Bonhoeffers dies aufhalten konnte. Er kam als persönlicher Gefangener Hitlers zusammen mit anderen Widerständlern in das Gestapogefängnis in Berlin, Prinz-Albrecht-Straße. Im Februar 1945 wurde er ins KZ-Buchenwald verlegt, Anfang April 1945 ins KZ-Flossenbürg in der Oberpfalz. Am 9. April wure der wenige Tage vor Kriegsende zusammen mit anderen Verschwörern auf eigenen Befehl Hitlers mit dem Strang hingerichtet. Sie mussten sich dazu völlig nackt ausziehen. Im Gefängnis hatte er einem Mithäftling ausdrücklich erklärt, dass er es als Christ für richtig und erlaubt halte, einen Mörder notfalls auch mit Gewalt zu beseitigen.

Der SS-Lagerarzt Hermann Fischer-Hüllstrung über die Hinrichtung im Jahr 1955 schriftlich:

»Durch die halbgeöffnete Tür eines Zimmers im Barackenbau sah ich vor der Ablegung der Häftlingskleidung Pastor Bonhoeffer in innigem Gebet mit seinem Herrgott knien. Die hingebungsvolle und erhörungsgewisse Art des Gebetes dieses außerordentlich sympathischen Mannes hat mich auf das Tiefste erschüttert. Auch an der Richtstätte selbst verrichtete er noch ein kurzes Gebet und bestieg dann mutig und gefasst die Treppe zum Galgen. Der Tod erfolgte nach wenigen Sekunden. Ich habe in meiner fast 50-jährigen ärztlichen Tätigkeit kaum je einen Mann so gottergeben sterben sehen.«[15]

Hier aber kehren wir nochmals nach Rom zurück, das ihn auch bei seiner zweiten Reise faszinierte.

Nach dem Besuch der Sixtinischen Kapelle schreibt Bonhoeffer: »Genau studiert mit immer wachsender Begeisterung, zuerst die Fresken [...] dann der Reihe nach die Deckenmalerei. Aber über den Adam wäre ich fast nicht hinausgekommen, es ist eine so unerschöpfliche Gedankenfülle in dem Bild: in der Gestalt Gottes, dessen riesiger Macht, zärtlicher Liebe oder vielmehr aller [...] Eigenschaften; und des Menschen, der zum ersten Leben erwachen soll, auf der sprossenden Wiese vor unendlichen Bergen, auf sein späteres Los deutend, ganz irdisch und doch ganz rein. Kurz: man kann es nicht ausdrücken. Das größte malerische Kunstwerk ist wohl der Jonas, man beachte nur die unglaubliche Kunst der perspektivischen Verkürzung.«[16]

Und weiter: »Also am Sonntagnachmittag in Trinità dei Monti. Es war fast unbeschreiblich. Um 6 Uhr kamen etwa 40 junge Mädchen [...] in feierlichem Zuge, Nonnenkostüme mit blauer oder grüner Schärpe, hineingezogen. Die Orgel setzt ein und mit unglaublicher Einfachheit und Anmut singen sie. – Der Eindruck war noch viel größer weil so jegliche Spur von Routine fehlte, ja der Ritus nicht mehr nur Ritus war, sondern Gottesdienst in wahrem Sinne. Das Ganze machte einen unerhört unberührten Eindruck tiefster Frömmigkeit.«[17]

Am Ende der Reise schrieb er: »Ich konnte nicht sagen, war es dieses oder jenes, was mich so unwiderstehlich zurückzog; und wenn ich auch gesagt hätte: St. Peter, so war es nicht die Kirche, nein, es war ganz Rom, was sich in St. Peter am klarsten zusammenfassen lässt. Es war das Rom der Antike, des Mittelalters und ebenso der heutigen Tage, ganz einfach der Angelpunkt europäischer Kultur und europäischen Lebens.«[18]

Wir schließen mit dem bekannten Gebet von Dietrich Bonhoeffer:
»Von guten Mächten treu und still umgeben,
behütet und getröstet wunderbar,
so will ich diese Tage mit euch leben
und mit euch gehen in ein neues Jahr.

Noch will das alte unsre Herzen quälen,
noch drückt uns böser Tage schwere Last.
Ach Herr, gib unsern aufgeschreckten Seelen,
das Heil für das du uns geschaffen hast.

Und reichst du uns den schweren Kelch, den bittern,
des Leids gefüllt bis an den höchsten Rand,
so nehmen wir ihn dankbar ohne Zittern
aus deiner guten und geliebten Hand.

Doch willst du uns noch einmal Freude schenken,
an dieser Welt und ihrer Sonne Glanz.
Dann wolln wir des Vergangenen gedenken,
und dann gehört dir unser Leben ganz.

Lass warm und still die Kerzen heute flammen,
die du in unsre Dunkelheit gebracht.
Führ, wenn es sein kann, wieder uns zusammen!
Wir wissen es: Dein Licht scheint in der Nacht.

Wenn sich die Stille nun tief um uns breitet,
so lass uns hören jenen vollen Klang
der Welt, die unsichtbar sich um uns weitet,
all deiner Kinder hohen Lobgesang.

Von guten Mächten wunderbar geborgen
erwarten wir getrost, was kommen mag.
Gott ist bei uns am Abend und am Morgen
und ganz gewiss an jedem neuen Tag.«[19]

Adresse: Evangelisch-Lutherische Kirchengemeinde Rom,
Via Sicilia 70, 00187 Roma

14.
KARDINAL JOHN HENRY NEWMAN
Britisches Erdbeben

San Giorgio in Velabro ist ein kleines, schönes, uraltes Kirchlein nicht weit vom Tiber, ganz nahe vom »Bogen der Geldwechsler« und unweit des Janusbogens. Der Sage nach wurden hier die ausgesetzten Zwillinge Romulus und Remus gefunden und von der Wölfin gesäugt. Wir sind also mitten drin in der unergründlichen Geschichte der ewigen Stadt. Es ist ein wenig erstaunlich, dass die Kirche hier den Namen des heiligen Georg trägt. Aber es ist nun mal so.

Der heilige Ritter Georg ist aber der Grund dafür, dass der berühmte englische Konvertit John Henry Newman diese Kirche als »Titelkirche« erhielt, nachdem er zum Kardinal erwählt worden war. Der heilige Georg ist nämlich seit 1222 Schutzpatron Englands.

Der große Theologe John-Henry Newman hatte ein außergewöhnliches Verhältnis zu Rom. Wir setzen uns in die romanische Kirche und hören aus den Aufzeichnungen des Theologen, Konvertiten und späteren Kardinals Newman.

»Was Rom betrifft, so ist es der wunderbarste Ort der Welt. Es braucht nicht Babylon, um uns ein Beispiel der alten Ungeheuerlichkeiten zu bieten, mit denen unser großer Widersacher gegen den Himmel wetterte – (der sich neuerdings listiger Methoden bedient) – es war eine Einrichtung der Gottlosigkeit. – Das Kolosseum ist ein echter Turm von Babel –

Kardinal John Henry Newman

und das ist nur eines einer ganzen Reihe von riesigen Gebäuden, die man mit Verblüffung betrachtet.«[20]

So Newman als Student im Jahr 1833, als er zum ersten Mal dort war. Aber er hat auch gemischte Gefühle: »Und dann, wieder einen Schritt weiter, muss man Rom auch als religiösen Schauplatz betrachten – und welch gemischte Gefühle überkommen einen da. Es ist die Stätte des Martyriums und der Gräber von Aposteln und Heiligen – ringsum die Umgebung und die Bauwerke, die sie sahen – und es ist die Stadt, der England das Evangelium verdankt – aber dann auf der anderen

Seite diese abergläubischen Praktiken; – oder besser gesagt, was noch viel schlimmer ist, die feste Annahme, dass sie ein wesentlicher Bestandteil des Christentums seien – und dann wieder die gewaltige Schönheit und Pracht der Kirchen – und, wieder im Gegensatz dazu, das Wissen darum, dass die berühmteste von allen (zum Teil) mit dem Verkauf von Ablässen finanziert worden ist – ja, es ist wirklich ein grausamer Ort.«[21]

In einem Brief nach England schreibt Newman:
»Der erste Eindruck, den man von Rom gewinnt, ist der des großen Widersachers Gottes: Das vierte Reich – und so gesehen ist der Anblick der Stadt schrecklich ... die ungeheuren Ausmaße der Ruinen, der bloße Gedanke an die Zwecke, denen sie geweiht waren, die Arena, in der Ignatius gelitten hat, die Säulen des heidnischen Stolzes, deren Inschriften noch heute zu lesen sind, der siebenarmige Leuchter der Juden, immer noch ganz deutlich auf dem Titusbogen abgebildet. Das alles brandmarkt die Stadt als das verwerfliche Werkzeug von Gottes Zorn und Satans Bosheit.«[22]

Hier weint Newman über das antike Rom, das Christen mordete. Aber er hat auch einen unguten Eindruck vom katholischen Rom:
»Ich kann mich des Eindrucks nicht erwehren, dass das christliche Rom irgendwie unter einem besonderen Schatten liegt, so wie das heidnische Rom es mit Sicherheit war .... Nicht dass man die elende Verdrehung der Wahrheit, wie sie hier gutgeheißen wird, auch nur einen Augenblick lang dulden könnte, aber ich weiß nicht, wie ich es sagen soll. Alles an der Verfassung Roms ist ganz eigentümlich – und der Klerus, wenn er auch einen verschlafenen Eindruck macht, soll ein Kreis durchaus rechtschaffener Männer sein.«[23]

Aber Newman ist verwirrt und weiß oft nicht, wie er alles, was er sieht, beurteilen soll.

»*Und doch, als ich weiter zusah, wie das heiligste Sakrament aufgeopfert und wie der Segen gegeben wurde, und als ich mich darauf besann, dass ich in einer Kirche war, da konnte ich nur voller Verwirrung meine eigenen Worte sprechen: ›Wie soll ich dich nennen, Licht des weiten Westens oder schändlicher Sitz des Irrtums?‹ – Und ich empfand den vollen Sinn des Gleichnisses vom Unkraut und vom Weizen – wer kann das Licht von der Finsternis scheiden außer das Schöpferwort, das gezwungen, die Angelegenheit ruhen zu lassen, da ich keinen Ausweg sehe – Wie soll ich dich nennen?*«[24]

Auf dem Rückweg nach England schreibt er:

»*Über Rom kann man in Anbetracht der Vermischung von Gut und Böse, die es dort gibt, nur sehr schwer etwas sagen – das heidnische Reich lag unter einem Fluch ... und das heutige christliche System dort ist erbärmlich verdorben – aber der Staub der Apostel ... liegt dort, und der jetzige Klerus besteht aus ihren Nachfolgern... Ach, wenn doch Rom nicht Rom wäre; aber es scheint mir so klar wie der helle Tag, dass eine Verbindung mit ihr unmöglich ist. Sie ist die unbarmherzige Kirche – fordert Unmögliches, exkommuniziert uns wegen Ungehorsam und wartet und freut sich, unseren nahenden Sturz zu erleben.*«[25]

1845 hatte sich Newman dann dazu durchgerungen, katholisch zu werden und er empfing eine andere Sicht der Dinge in Rom. Er schrieb einmal:

»*Wenn wir in der Stadt unterwegs sind, ist es ein so ungeheuer großer Segen, in die Kirchen gehen zu können, – immer sind sie mit großzügiger Freundlichkeit weit geöffnet – ein Anblick* von kostbarem Marmor; Reliquiare, Bilder und Kruzifixe für den Passanten, damit er das Seine tut und sich bei ihnen niederkniet – das Allerheiligste ist überall.«[26]

1879 ernannte ihn Papst Leo XIII. zum Kardinal. Wenig später schrieb er einem Freund:

»*Ich habe nichts von jener hohen Vollkommenheit, die zu den Schriften der Heiligen gehört, dass kein Irrtum in ihnen zu finden ist. Aber ich glaube, behaupten zu können, dass ich bei allem, was ich geschrieben habe, ehrliche Absicht hatte, keine privaten Ziele verfolgte, eine Haltung des Gehorsams zeigte, bereit war, mich berichtigen zu lassen, den Irrtum flüchtete, das Verlangen hatte, der Kirche zu dienen, und dass mir durch die Barmherzigkeit Gottes ein schönes Maß von Erfolg beschieden war. Es ist mir eine wahre Freude, sagen zu dürfen: Von Anfang an habe ich gegen ein großes Zeitübel gekämpft: seit dreißig, vierzig, fünfzig Jahren bemühe ich mich nach meinen besten Kräften, den Geist des Liberalismus in der Religion abzuwehren.*«[27]

Gebet des heiligen John Henry Kardinal Newman
»Herr Jesus Christus,
Du hast am Vorabend Deines Leidens für alle Deine Jünger
bis zum Ende der Zeit gebetet, dass sie eins bleiben
   möchten,
wie Du im Vater bist und der Vater in Dir.
Schau voll Erbarmen auf die vielen Spaltungen unter
   denen, die Deinen Glauben bekennen, heile die vielen
   Wunden, die Menschenstolz und die Macht der Hölle
   Deinem Volk geschlagen haben!
Reiße nieder die Wälle der Trennung,
welche die Christen in Parteien und Sekten scheiden.

Schau barmherzig die Seelen an, die in einer nicht von Dir, sondern von Menschen gegründeten Gemeinschaft geboren sind!
Befreie sie von den falschen Formen der Gottesverehrung und führe alle in die eine Gemeinschaft, die du von Anfang eingesetzt hast, die heilige katholische und apostolische Kirche!
Erleuchte alle Menschen mit der Erkenntnis, dass der Stuhl des heiligen Petrus, die Kirche von Rom, Fundament, Mittelpunkt und Werkzeug der Einheit ist!
Öffne ihre Herzen für die längst vergessene Wahrheit.« [28]

John Henry Kardinal Newman wurde am 13. Oktober 2019 heiliggesprochen.

Adresse: Chiesa San Giorgio in Velabro, Via del Velabro 19, 00186 Roma

15.
BENEDIKT JOSEPH LABRE
Patron der Menschen auf der Straße

Heute besuchen wir einen heiligen Bettler, modern könnte man auch sagen: einen heiligen »Penner«. Der Mann schlief meistens auf der Straße – und das freiwillig. Es ist der heilige Benedikt Labre. Wir gehen dazu in Rom zur Kirche Santa Maria dei Monti, nicht weit vom Augustusforum. Reiche und Arme sind also nicht weit voneinander entfernt. Das ist auch heute noch so. Benedikt Labre war einer von vielen tausenden Bettlern in der heiligen Stadt. Er starb am 16. April 1783 auf den Stufen dieser Kirche. Freilich, Bettler war er nicht, weil ihm Nahrung und Unterkunft fehlten. Er hätte sie vielfach haben können. Er war Bettler, weil er Bettler Gottes sein wollte. Heute nennt man solche Leute manchmal Penner, man kann ihn »Patron der Penner« nennen.

Benedikt Labre stammte aus Nordfrankreich, wo er 1748 geboren wurde. Seine Familie wollte, dass er in ein Kloster geht. Er aber wollte eher ein »Nichts« sein. Er versuchte es zwar in mehreren Trappisten- und anderen Klöstern. Doch man fand ihn unpassend, denn sein einziges Ziel war, zu fasten und zu beten. Heute würde man ihn vielleicht in eine psychiatrische Behandlung zwangseinweisen. So durchwanderte er mit kaputten Schuhen und Kleidern, lebend von den miesesten Wegwerfspeisen durch Frankreich, die Schweiz, Spanien, Deutschland, Italien. Sein Biograph, der ihn persönlich

Madonna dei Monti, Grabdenkmal des Benedikt Josef Labre in der Kirche

kannte, schreibt im Jahr des Todes 1783 von Benedikt Labre: »Sein Leben war eine ununterbrochene Reihe von Leiden aller Art. Hunger, Durst, Blöße, Kälte, Hitze, Ungeziefer, das ihn beinahe aufzehrte, Spott, Schimpf, Unbilden, Krankheiten, Schläge, kurz eine beständige Abwechslung von Trübseligkeiten konnten ihn nicht aus der Fassung bringen, ja er änderte dabei nicht einmal seine Gesichtszüge. Mitten in solchen Widerwärtigkeiten blieb er immer gleichmütig, immer munter und fröhlich ein freiwilliger Armer.«[29]

In Rom gibt es auch heute immer noch unzählige Bettler. Freilich werden sie ihr Dasein nicht selbst gewählt haben. Man sieht sie auf Straßen, unter Brücken, in Hauseingängen, unter Bäumen. Bei vielen von ihnen wird ein schweres Schicksal in Familie und Beruf dahinter liegen. Ich selbst hatte ständigen Kontakt zu einigen von ihnen. Es gab auch Betrüger unter ihnen.

Ich ahne, was Benedikt Labre sagen könnte, wenn wir ihn zwängen, sein Leben zu erklären. Er würde vielleicht sagen: »Nur wenn ich mich auf Nichts in dieser Welt verlasse, auch nicht auf Wohnung, Kleidung, Speise und Trank, bin ich so frei, mich nur auf Gott zu verlassen. Ich möchte mich nur auf Gott verlassen. Und ich habe die Erfahrung gemacht, dass er mich nicht verließ. Er war immer bei mir. Ich konnte immer mit ihm rechnen. Und ich wollte Jesus ähnlich sein. Er war bettelarm, lebte von dem, was man ihm täglich schenkte. Er war wie ich ständig unterwegs, hatte kein Zuhause, so wie ich kein Zuhause hatte. Ich wollte wie er auf der Wanderschaft sein. Er wurde ausgelacht, auch ich wurde ausgelacht. Dann habe ich mich gefreut, dass ich Jesus ähnlich sein konnte. Er wurde am Ende seines Lebens auch verspottet. Ich wurde verspottet. Da habe ich mich gefreut, dass ich bei ihm sein konnte. Ich glaube, dass ich ihn so getröstet habe. ›Gott allein genügte mir‹. Dieses Wort stammt von der großen heiligen Theresa von Avila. Ich wusste schon als Kind und als junger Mann, dass dieses Wort richtig ist. Ich habe es ausprobiert und gemerkt, dass es stimmt: Gott allein genügte mir. Das habe ich mir immer wieder gesagt und tatsächlich: Gott allein genügte. Probiert es mal aus. Ihr werdet euch wundern!«

Gebet eines Menschen von der Straße.
Gott, wenn Menschen mir das Flaschensammeln verbieten
– schenke mir Freundlichkeit und Geduld
Gott, wenn ich in der Stunde nur 50 Cent verdient habe
– schenke mir Freundlichkeit und Geduld
Gott, wenn ich das wenige Geld auch noch verliere,
– schenke mir Freundlichkeit und Geduld
Gott, wenn ich den Sinn meines Tuns auf einmal in Frage
  stelle,
– schenke mir Freundlichkeit und Geduld

Gott, wenn ich trotz Öffnungszeit der Kleiderkammer
weggeschickt werde
– schenke mir Freundlichkeit und Geduld
Gott, wenn ich von kirchlichen Vertretern nur als
Almosenempfänger behandelt werde,
– schenke mir Freundlichkeit und Geduld
Gott, wenn ich die Essensausgabe bloß als Abspeisen
erlebe,
– schenke mir Freundlichkeit und Geduld
Gott, wenn Menschen mich von oben herab behandeln,
nur weil ich um ein Glas Wasser bitte,
– schenke mir Freundlichkeit und Geduld
Gott, wenn mir Seife und Toilettenpapier vorenthalten
werden, weil ich von der Straße komme,
– schenke mir Freundlichkeit und Geduld
Gott, wenn ich vor Wut über solche Art von christlicher
Nächstenliebe koche,
– schenke mir Freundlichkeit und Geduld
Gott, wenn ich umsonst um ein Stück Brot bitte,
– schenke mir Freundlichkeit und Geduld
Gott, wenn ich nach einer Nacht am Bahnhof vor Müdigkeit
kaum noch denken kann,
– schenke mir Freundlichkeit und Geduld
Gott, wenn unfreundliche Bahnbeamte mich aus dem
Schlaf klopfen
– schenke mir Freundlichkeit und Geduld.

(»Gubbio« – Kath. Obdachlosenseelsorge, Köln)30

Adresse: Madonna dei Monti, Via dei Serpenti/Via della Madonna dei Monti 41, 00186 Roma

16.
KARL RAHNER
Ringender Gottsucher

Heute gehen wir in die Kaderschmiede der Jesuiten in Rom, in die päpstliche Universität Gregoriana. Sie liegt nicht weit von der Piazza Venezia.

Dorthin kam von Zeit zu Zeit aus Innsbruck oder Münster oder München der deutsche Startheologe Karl Rahner. Er hatte einen wesentlichen Einfluss auf die bahnbrechenden Erklärungen des Zweiten Vatikanischen Konzils. Aber er war auch immer wieder sehr umstritten. Hier kurz seine Daten:

Rahner wurde 1904 in Freiburg geboren und starb 80-jährig im Jahr 1984. Er wurde Jesuit und Professor für Theologie. Bei ihm studierten viele zukünftige Theologieprofessoren aus aller Welt, aber er war auch ein unermüdlicher Prediger und Vortragsredner, ein ansprechbarer Seelsorger und geistlicher Schriftsteller. Die Zahl seiner Bücher ist fast unüberschaubar.

Rahner war ein Mann des scharfen Denkens, des festen Glaubens und ein unermüdlicher Sucher. Bei unzähligen theologischen Themen bohrte er nicht nur endlose Sätze, sondern auch endlose Gedankengänge. Sein Bruder Hugo, der auch Theologe war, scherzte und schlug ihm einmal vor, seine endlosen Sätze ins Deutsche zu übersetzen. Zwei typische Rahner-Thesen: »Hartes, nüchternes, bohrendes – wenn es sein muss – Fragen ist schon ein Akt der Frömmigkeit, die dem geistig wachen Christen geboten ist.«[31] Und: »Der Mensch ist die radikale Frage, nicht indem er sie sich ›denkt‹, sondern indem er wissend stirbt; das absolute Geheimnis, ›Gott‹ genannt,

Karl Rahner

ist die einzige Antwort, nicht indem er einfach ist, sondern indem er sich mitteilt; er nimmt die Frage als seine eigene Frage an, beantwortet sie mit sich selbst und macht so Frage und Antwort unüberholbar und zugleich eins.« [32]

Einmal wurde er ein ›intellektuelles Kraftwerk‹ genannt. Ein Kommentator meinte: Rahner war ein Atemholen in der Theologie, denn er zerriss die Fesseln des theologischen Prokrustesbettes, in das die Dogmatik gefesselt schien. Rahner habe tief durchatmen lassen, unerlaubte Gedanken habe man aussprechen dürfen. Überzeugende Gedanken hätten das

Dickicht unverständlicher Formeln gelichtet, Scheinprobleme gelöst und die Schätze kirchlicher Lehre zum Leuchten gebracht.

Karl Rahner wurde lebenslang auch von der Frage umgetrieben, warum nun gerade der Mann aus Nazareth der Sohn Gottes ist. Seine Antworten konnten etwa so lauten: »Denn wo ist sonst ein Mensch der hellen, greifbaren Geschichte, der überhaupt auf dieses Ereignis als in ihm geschehen Anspruch gemacht hätte? Wo ist einer, dessen menschliches Leben, dessen Tod und (fügen wir hinzu:) Auferstehung, dessen Geliebtsein durch unzählige Menschen, den Mut und die geistige Legitimierung dazu geben könnte, sich bedingungslos auf ihn einzulassen, sich auf ihn zu verlassen (im wörtlichen Sinn) – außer dem biblischen Jesus.... In dem, der noch im Tod seine Seele in die Hände des Vaters legte, in dem der überzeugte, gerade, weil er nicht nötig hatte, gescheite Weltanschauungsprobleme zu diskutieren, in dem, der radikal um das Geheimnis als Geheimnis, um das verzehrende Gericht, um den Tod des Menschen, um seine abgründige Schuld wusste, und dennoch dieses Geheimnis seinen Vater und uns seine Brüder nannte.«[33]

Einmal nennt Rahner sich selbst ›erbärmliche Kreatur‹, ›Eintagsfliege‹, ›dem Tod Geweihter‹, ›elenden Sünder‹ Er könnte kaum glauben, dass Gott die absolute Nähe zu ihm haben will, wenn er nicht auf Jesus, den Gekreuzigten, den in den Tod hineingefallenen und Auferstandenen schaute? Rahner nennt Jesus ›die absolute Selbstzusage Gottes‹, ›der Mensch, in dem Gott greifbar wird´, der ›Anfang der gelungenen Welt‹, ›die fleischgewordene Liebe Gottes‹.

Nun wollen wir Karl Rahner in einer Weihnachtspredigt selbst hören:
»Lasst uns Weihnachten feiern,
ein Fest des Glaubens und der Liebe zu dem Wort,
   das Fleisch wurde,
ein Fest der Liebe auch unter uns,
weil der Mensch den Menschen lieben kann,
seit Gott selber Mensch wurde.
Lasst uns Gott anbeten,
da er den Menschen und sein armes Fleisch so liebte,
dass er es für alle Ewigkeit unvergänglich mitten hinein
   versetzte in die brennende Lohe seiner Gottheit!
Unbegreiflicher Gott, Abenteurer der Liebe!
Wir meinten, der erbärmliche Mensch könnte nur ein
   primitives, schlecht geratenes Versuchsmodell sein
für den Übermenschen, der noch kommen muss.
Und es ist hart, uns selber – besonders bei den anderen –
   auszuhalten, so wie wir sind.
Aber dennoch:
Ihm – so rühmt die Kirche in ihrem höchsten Lied –
hat es nicht gegraut vor dem Schoß der Jungfrau!
Er selbst ist gekommen in seine Schöpfung, in den
   Menschen.
Er ist selbst in alle Engen des Menschen hineingekrochen,
die nur in einem unendlichen Abstand
von ihm scheinen, existieren zu können:
In die Enge des Mutterleibes,
in die Enge eines heruntergekommenen Vaterländchens
mit Besatzungsmächten,
in die Enge einer trostlosen Zeitsituation, einer borniertien
   Umgebung,

einer verfahrenen Politik, eines todgeweihten Leibes,
in den Kerker des Nichtverstandenwerdens,
des eintönigen Arbeitsalltags, des restlosen Misserfolges,
in die dunkle Nacht der Gottverlassenheit und des Todes.
Er hat sich nichts erspart.
Die Enge aber, in die Gott selber eingegangen ist,
muss einen Ausgang haben.
Es muss sich lohnen, Mensch zu sein,
wenn Gott an sich selbst nicht genug hatte,
sondern auch dazu noch einer dieser Menschen werden
    wollte,
wenn ihm das nicht zu gefährlich oder zu wenig war.
Die Menschheit ist keine Herde,
sondern eine heilige Familie, wenn Gott selbst als Bruder
    darunter ist.
Die Tragödie ihrer Geschichte muss doch einen seligen
    Ausgang nehmen, wenn Gott nicht nur vom Thron
    seiner Unendlichkeit
dieser ungöttlichen Komödie unberührt zuschaut,
sondern selber mitspielt, so ernsthaft wie wir anderen alle,
die wir müssen, ob wir wollen oder nicht.«[34]

Adresse: Università Gregoriana, Piazza della Pilotta 4, 00187 Roma

17.
GOETHE IN ROM
Langweilige Papstmesse

Wie bekannt, war auch Johann Wolfgang von Goethe in Rom. Wir wollen ihn im Geiste im Quirinalspalast treffen, wo zu Goethes Zeit die Päpste ihren Sommer verbrachten. Heute ist das der Sitz des Staatspräsidenten. Der Palast liegt ein wenig erhöht auf dem Quirinalshügel.

Weltberühmt ist Goethes »Italienische Reise«. Ich möchte eine Passage aus ihr wiedergeben:

»Das Andenken Allerseelen feiert der Papst in seiner Hauskapelle auf dem Quirinal. Jedermann hat freien Zutritt. Ich eilte mit Tischbein auf den Monte Cavallo. Der freie Platz vor dem Palaste hat etwas ganz Individuelles. So unregelmäßig als grandios und lieblich. Die beiden Kolossen erblickt' ich nun! Weder Auge noch Geist sind hinreichend, sie zu fassen. Wir eilten mit der Menge durch den prächtig geräumigen Hof eine übergeräumige Treppe hinauf. In diesen Vorsälen, der Kapelle gegenüber, in der Ansicht der Reihe von Zimmern fühlt man sich wunderbar unter einem Dache mit dem Statthalter Christi.

Die Funktion war angegangen. Papst und Kardinäle schon in der Kirche. Der heilige Vater, die schönste würdigste Männergestalt, Kardinäle von verschiedenem Alter und Bildung.

Mich ergriff ein wunderbares Verlangen, das Oberhaupt der Kirche möge den goldenen Mantel auftun und, von dem unaussprechlichen Heil der seligen Seelen mit Entzücken sprechend, uns in Entzücken versetzen. Da ich ihn aber nur vor

Quirinalspalast, davor die berühmten Statuen der Dioskuren

dem Altare sich nur hin und her bewegen sah, bald nach dieser bald nach jener Seite sich wendend, sich wie ein gemeiner Pfaffe gebärdend und murmelnd, da regte sich die protestantische Erbsünde, und mir wollte das bekannte und gewohnte Messopfer hier keineswegs gefallen. Hat doch Christus schon als Knabe durch mündliche Auslegung der Schrift und in seinem Jünglingsleben gewiss nicht schweigend gelehrt und gewirkt; denn er sprach gern geistreich und gut, wie wir aus den Evangelien wissen. Was würde der sagen, dacht' ich, wenn er hereinträte und sein Ebenbild auf Erden summend und hin und wider wankend anträfe? Das ›Venio iterum crucifigi‹ fiel mir ein, und ich zupfte meinen Gefährten, dass wir ins Freie der gewölbten und gemalten Säle kämen. Hier fanden wir eine Menge Personen, die köstlichen Gemälde aufmerksam betrachtend; denn dieses Fest Allerseelen ist auch ein Fest aller Künstler in Rom.«[35]

Mein Kommentar zu Goethes Anmerkungen: Ja – das ist Rom! Die Spannung zwischen Frömmigkeit und Kunst! Freilich gerade die Spannung zwischen einer Liturgie, die ein gebildeter Protestant nicht verstehen kann, und einem Künstler, der von Kunst etwas versteht. Ja – und dann ist da die Spannung zwischen einem Nordländer und den Südländern. Nordländer schauen immer voll Neugier und Sonnenhunger nach dem Süden. Wir sind neugierig auf das, was die alten Römer und die Künstler der Renaissance südlich der Alpen geschaffen haben. Nordländer haben ja in den alten Städten, in Köln, Aachen, Mainz und Trier, Reste der römischen Baukunst. Nordländer kennen den Limes, der die »Barbaren« von Rom trennt.

Ist Goethe der »typische deutsche Tourist«? Ich glaube nicht. Denn er weiß mehr von Rom und seiner Kunst als die meisten Touristen. Freilich hat er wenig Ahnung von der Bedeutung des Papsttums. Er sieht nur die Pracht und bemerkt die Fremdheit von Kleidung, Ritus und Ambiente.

Ich wünsche mir heute christliche Romreisende, die sich auf eine Romreise geistig so vorbereiten wie Goethe auf die Kunst Roms vorbereitet war. Ich wünsche mir Romreisende, die einen Blick für das viele Heilige in Rom haben, die nach dem Heiligen suchen, bei ihm verweilen, die sich Zeit nehmen beim Heiligen zu meditieren.

Europa ist nicht nur hervorgegangen aus dem philosophischen Denken der Griechen, dem staatlichen Ordnungs- und Gerechtigkeitssinn der alten Römer, sondern auch aus der Bergpredigt des Nazareners, der Botschaft des Mannes am Kreuz und dem Blut der Märtyrer, die für das Zeugnis der Liebe gestorben sind.

Rom ist das Zentrum vieler geistiger Dramen, Dramen zwischen Himmel und Erde, zwischen dem Wachsen eines gerechten Staates und des Reiches Gottes. Hier kämpften christliche Märtyrer und Denker, Kulturschaffende und Glaubenszeugen. Um nur einige zu nennen: die Päpste Leo der Große und Gregor der Große, Ignatius von Loyola und Philipp Neri, Katharina von Siena und Birgitta von Schweden, Karl Rahner und Hans Küng. Hier kämpften Pius XII. gegen den Nationalsozialismus, Johannes Paul II. gegen den Kommunismus, Papst Benedikt XVI. gegen den Relativismus. Hier rangen um die Schönheit Michelangelo und Raffael, um die Wissenschaft Leonardo da Vinci und Galilei.

Man sollte sehr viel über Rom lesen, bevor man die Stadt betritt. Oberflächlichkeit zerstört die Seele des Menschen, wenn er in Rom nur über die Wunder hinwegschwebt.

Goethe ist vermutlich kein Meister des Glaubens an Gott und des Betens zu ihm. Dennoch lässt sich auch bei ihm eine Spur von Sehnsucht nach Gott finden, vielleicht in diesem Gedicht von Johann Wolfgang von Goethe:

»Sehnsucht
   Dies wird die letzte Trän nicht sein,
   Die glühend Herz aufquillet,
   Das mit unsäglich neuer Pein

   O laß doch immer hier und dort
   Mich ewig Liebe fühlen,
   Und möcht der Schmerz auch also fort
   Durch Nerv' und Adern wühlen.

   Könnt ich doch ausgefüllt einmal
   Von dir, o Ew'ger, werden
   Ach, diese lange, tiefe Qual,
   Wie dauert sie auf Erden!«[36]

Und noch ein Wort vom großen Dichter:
»So wie der Weihrauch einer Kohle Leben erfrischet, so erfrischet das Gebet die Hoffnungen des Herzens.«[37]

....

Adresse: Palazzo del Quirinale: Piazza del Quirinale, 00187 Roma

18.
KATHARINA VON SIENA
Politische Frauen-Power

Unweit des Pantheons steht eine Kirche auf den Ruinen eines Minerva-Tempels, daher auch ihr Name. Sie war ursprünglich der einzige gotische Kirchenbau in Rom, Gotik war etwas typisch Nordisches, in Rom eine Ausnahme. Hier liegen unter dem Hauptaltar in einem Schrein die Reliquien einer Frau, die europäische Geschichte geschrieben hat: Katharina von Siena.

Ich möchte mich gerne mit ihr über das Auf und Ab des Papsttums austauschen, über die gesellschaftspolitischen Möglichkeiten des Gebetes und auch über die Zukunft Europas. Sie hat im Himmel sicher einen besseren Überblick.

Aber wir sollten die Dame erst kennen lernen. Sie stammt aus dem malerischen Siena. Siena wird heute im Sommer überlaufen, wenn auf der »Piazza del campo« das mittelalterliche Pferderennen stattfindet. Katharina wurde hier 1347 in einer verarmten Adelsfamilie geboren. Sie war eine von 25 Geschwistern.

Zentral in ihrem Leben war etwas, was uns modernen Menschen eher fremd ist, wo wir spontan denken, dass da psychisch etwas nicht in Ordnung ist. Denn sie hatte schon als Kind und dann auch später wiederholt Visionen, also Schauungen himmlischer Dinge. Als sie davon erzählte, führte das zu Konflikten mit ihrer Familie. Vor allem ihre Mutter versuchte, sie von diesen frommen Dingen abzubringen, sie versuchte, Katharinas Willen zu brechen, indem sie sie mit Arbeit überforderte und in der Küche schuften ließ. Katharina sollte keine

Schrein der heiligen Katharina von Siena

Zeit mehr haben für das viele Beten. Schließlich weigerte sich Katharina sogar zu heiraten, was die Familie zum größten Zorn reizte. Doch schon mit dreizehn Jahren fand Katharina ihre – wie sie schreibt – »innere Zelle«, in der sie mit Christus alleine war. Mit sechzehn Jahren wurde sie in die geistliche Gemeinschaft der Mantellatinnen aufgenommen.

Nach einigen Jahren ereignete sich aber ein Bruch in ihrem Verhalten, denn im Anschluss an eine neue Vision änderte sie ihre zurückgezogene Lebensweise. Sie verließ oft ihre Gemeinschaft, ging in die Öffentlichkeit, half Armen und Kranken, besuchte Gefangene, begleitete sogar Verurteilte zur Hinrichtung. Schließlich begann sie sogar, sich zu kirchlichen und politischen Fragen laut und energisch zu äußern und sogar Päpste öffentlich zu kritisieren. Ihr Ruf verbreitete sich nicht nur in Italien, sondern in vielen Teilen Europas.

Mit etwa 30 Jahren reiste sie schließlich im Jahr 1376 in das französische Avignon, wo die Päpste seit fast 70 Jahren unter der Dominanz der französischen Könige residierten. Sie wollte Papst Gregor XI. nach Rom zurückbeordern. Sie war der Überzeugung: Päpste müssen die Kirche von Rom aus leiten. Die französischen Könige hatten es nämlich 1309 erreicht, die Päpste den streitenden, italienischen Parteien zu entreißen und unter ihre Herrschaft zu bringen. Die Päpste residierten daher im südfranzösischen Avignon. Katharina hatte Erfolg. Freilich brach danach das Schisma aus, denn in Avignon wählten die verbliebenen Kardinäle einen Gegenpapst. Nun gab es zwei Päpste, einen in Rom und einen in Avignon. Die Spaltung wurde erst 1418 beim Konzil von Konstanz durch die Wahl eines neuen Papstes überwunden. Aber Katharina hatte Kirchengeschichte gemacht. Sie wurde zur Schutzpatronin Italiens erklärt, zur Kirchenlehrerin erhoben und ist Schutzpatronin Europas.

Wie konnte eine einfache Frau den politischen Seitenwechsel der Päpste erreichen? Sie selbst würde sagen: Durch Gebet. Es lohnt sich doch wohl, darüber ein wenig nachzudenken und mit ihr zu plaudern.

Zunächst aber: Wie sah denn die Situation der Päpste vor der Lebenszeit von Katharina aus? Papst Clemens V. etwa war ein Werkzeug der französischen Könige. In der Politik herrschte Korruption, wer zahlte, erhielt Posten. Die Neffen des franzosenfreundlichen Papstes planten, die italienischen Kardinäle umzubringen, was aber misslang. Clemens selbst ernannte fünf nahe Verwandte zu Kardinälen, sieben andere zu Bischöfen. Das Volk spottete über seinen »clementinischen Jahrmarkt«. Die Kurie wurde zum Kreditunternehmen für geistliche Würden. Also schon in der Kindheit sprachen die Erwachsenen wohl nicht gut über das Papsttum. Der Nachfolger von Papst Clemens, Papst Johannes XXII., war nicht besser. Dante nannte ihn in der Göttlichen Komödie einen »Verderber der Kirche«. Einige Nachfolger waren Ausnahmen, auch wenn sie viele ihrer Verwandten zu Kardinälen machten. Papst Urban V. war die große Ausnahme. Er wird sogar als Seliger verehrt. Papst Gregor XI. kehrte zwar auf Drängen Katharinas nach Rom zurück, verhielt sich aber keineswegs christlich, war in Rom verhasst und wäre fast nach Avignon zurückgekehrt, wenn er nicht gestorben wäre. Sein Nachfolger Urban VI. hatte es nicht leicht, in Rom zu bleiben. Denn das Kardinalskollegium bestand aus 18 Franzosen, die wieder nach Frankreich wollten, aus vier Italienern und einem Spanier. Aber die Römer wollten einen italienischen Papst. So wählten die Kardinäle Urban, der noch nicht einmal Kardinal war.

Nun was hat das alles mit der heiligen Katharina zu tun? Vieles wissen wir nicht genau. Aber vermutlich sah sie in ihren Visionen einerseits die Berufung des Petrus und seiner Nachfolger, anderseits die brutale Realität. Die meisten Menschen würden sagen: Das kannst du nicht ändern. Katharina hatte wohl aus ihren Visionen die Überzeugung, dass sie eingreifen musste und konnte.

Heute – im 21. Jahrhundert ist die Lage der Päpste völlig anders. Was aber würde Katharina wohl zu den heutigen Herausforderungen der Kirche sagen? Ich setze mich vor den Altar, unter dem ihre Reliquien in einem Sarkophag ruhen.

Ich ahne, sie könnte vielleicht sagen:
»Moderne aufgeklärte Christen und ihre Theologen sind vielleicht in der Gefahr, die Kirche wie einen Verwaltungsbetrieb anzusehen. Man müsse sie nur richtig organisieren, die Menschen professionell motivieren. Dazu gebe es Fachleute – vor allem aus der Welt der Werbung. Diese wüssten ja genau, wie man das Denken und Handeln der Menschen steuert.«

Ich bin nicht sicher, ob Katharina das sagen würde, aber ich denke, dass sie ganz bescheiden auf diese Gefahr hinweisen könnte. Sie weist damit vor allem auf die Welt des Westens hin, denn das, was man den Osten und den Süden nennt, denkt doch anders.

Aber Katharina würde wohl auch flüstern:
»*Dankt bitte Gott jeden Tag, dass er euch Päpste schenkt, die ihre ganze Kraft dem Reich Gottes widmen. Das ist doch nicht selbstverständlich, denn zu meiner Zeit war es ganz anders. Und dankt Gott auch für die Trennung von Kirche und Staat. Dankt ihm dafür, dass die westliche Welt das Evangelium Jesu heute besser versteht. Jesus sagt: mein Reich ist nicht von dieser Welt. Und zu Petrus sagt er: Steck dein Schwert in die Scheide. Jesus will, dass sein Reich langsam wächst wie ein Saatkorn, das in die Erde geworfen wird.*«

Katharina würde vielleicht noch fragen:
»*Unterschätzt ihr die Kraft des Gebetes? Glaubt ihr nicht, dass ihr mit Gebet die Welt aus den Angeln heben könnt? Und meint ihr denn, Europa wäre einmal so christlich geworden ohne die Märtyrer, ohne die Menschen, die ihr Blut für Christus vergossen haben? Erinnert ihr euch nicht an das alte Wort ›Sanguis martyrum – semen christianorum‹ – das Blut der Märtyrer ist der Samen neuer Christen.*«

Also – so höre ich Katharina leise flüstern:
»*Ihr diskutiert über Frauenpriestertum und Abschaffung des Pflichtzölibates. Aber ist die Diskussion getragen von der ununterbrochenen Bitte um den Heiligen Geist, damit er die Kirche erleuchte? Und noch eines möchte ich, Katharina, anfügen: Vielleicht meinen jetzt im 21. Jahrhundert zu viele Menschen, dass*

man den Weg der Menschheit und der Kirche doch kaum verändern kann, weil das allermeiste läuft wie geschichtliche Prozesse eben ablaufen. Ich – Katharina – sage: Nein, man kann den Weg von Kirche und Gesellschaft bewegen und ändern. Schaut bitte dabei nicht nur auf mich, sondern schaut auf unzählige Heilige. Wer glaubt, hat Macht. Wer auf der Seite Gottes ist, kann die Welt bewegen.«

Gebet der Hingabe von Katharina von Siena
»O hohe Schönheit, wie lange Zeit schon verborgen!
Weil du mich in deiner Schönheit schautest,
hast du dein Geschöpf, ganz in es verliebt, aus dir
    herausgezogen
und es nach deinem Bild und Gleichnis erschaffen.
O loderndes Feuer, das immer brennt!
Im Feuer deiner Liebe habe ich dich erkannt.
Du bist das Feuer, das ständig brennt und nicht verzehrt.
Du bist das Feuer, das in seiner Hitze jede Eigenliebe
    verbrennt.
Du bist die Glut, die alle Kälte wegnimmt.
O heiligste Dreifaltigkeit, unergründliche Liebe!
Wenn du mich Kind nennst, nenne ich dich höchster
und ewiger Vater, eingeborener Sohn und Heiliger Geist.
Wie du im Leib und Blut deines Sohnes dich mir schenkst,
so habe auch ich Anteil am mystischen Leib deiner heiligen
    Kirche
und am allumspannenden Leib der Christenheit.
O ewige Liebe Gottes! O Liebe, Herr!
Ich werde dich ganz und gar lieben.
Du hältst mich an, dich zu schauen, hohe, ewige Gottheit,
und willst, dass ich im Blick auf dich mich selbst erkenne,

um meine Niedrigkeit durch deine Hoheit und deine Größe
und Schönheit durch meine Winzigkeit deutlicher zu
erfassen.
Du abgrundtiefes Meer!
Sein Wasser ist in Ruhe und nicht aufgewühlt.
Je mehr ich mich darin versenke, umso mehr finde ich von
dir, und je mehr ich von dir finde, umso eifriger suche
ich dich.
Es nährt sich meine Seele in dir, du Meer des Friedens.
Möge ich mich dir, Herr, immer hingebungsvoller ergeben,
du hohe Schönheit, loderndes Feuer, heiligste
Dreifaltigkeit,
ewige Liebe, abgrundtiefes Meer. Amen.[38]

Adresse: Chiesa Santa Maria sopra Minerva, Piazza della Minerva, 00186 Roma

19.
FRÈRE ROGER SCHÜTZ VON TAIZÉ
Evangelischer Katholik

Heute treffen wir auf halbem Weg zwischen der Jesuitenkirche »Il Gesù« und dem Kapitol den Gründer der Gemeinschaft von Taizé Frère Roger Schütz. Diese Brüdergemeinschaft hat in der Via del Plebiscito ihren römischen Sitz. Hier ist Frère Roger bei seinen häufigen Aufenthalten in Rom abgestiegen.

Falls Sie, liebe Rompilger, ihn nicht kennen, hier die wichtigsten Daten. Roger Schütz wurde 1915 in der französischen Schweiz, als Sohn eines reformierten Pfarrers geboren. Seine Mutter war Französin. Von 1936 bis 1940 studierte er in Lausanne und Straßburg evangelische Theologie. In seiner Diplomarbeit verglich er das Ideal des heiligen Benedikt mit dem Evangelium. Schon dies ist ein Hinweis auf seine Lebensberufung.

Um zusammen mit Gleichgesinnten ein echt christliches Leben zu führen, kauft Roger 1940 in dem burgundischen Dörfchen Taizé in der Nähe von Cluny ein Haus. Es steht dann bald Flüchtlingen offen, die vor den deutschen Truppen fliehen müssen. Nach zwei Jahren besetzt die Gestapo das Haus, als Schütz gerade nicht zuhause ist. Er bleibt bis 1944 in der Schweiz und hier schließen sich ihm zwei gleichgesinnte Freunde an. Zurückgekehrt nach Taizé kümmern sich die Brüder um deutsche Kriegsgefangene. Bald erlaubt der päpstliche Nuntius Angelo Roncalli in Paris der kleinen Gemeinschaft, in der Dorfkirche von Taizé Gottesdienste zu feiern.

Frère Roger im Jahr 2002

Am Ostersonntag 1949 legen die mittlerweile sieben Brüder Gelübde ab, mit denen sie sich zu einer lebenslangen Bindung an die Gemeinschaft verpflichten. Das ist die Geburtsstunde der »Communauté de Taizé«, der erste protestantische Orden seit der Reformation. Im Lauf der nächsten Jahre entstehen Fraternitäten in Algerien, den USA, Großbritannien, Schweden, Rwanda, Brasilien, Bangladesch. 1953 verfasst Frère Roger die erste »Regel von Taizé«. Die Gemeinschaft wird vor allem durch die gesungene Liturgie bald weltweit bekannt. Sie ist aber auch sozial tätig und gründet eine Molkereigenossenschaft für Kleinbauern. 60 Mitglieder der deutschen Aktion »Sühnezeichen« helfen zum Bau der großen »Kirche der Versöhnung«. Taizé wird weltweit bekannt.

Papst Johannes XXIII. lädt Frère Roger und den Theologen Max Thurian als Beobachter zum Zweiten Vatikanischen Konzil ein. Hier beginnt die Geschichte von Frère Roger in Rom. Bald treten auch Katholiken der Gemeinschaft bei, und sie wird eine ökumenische Gemeinschaft.

Im Jahr 1965 beginnen die jährlichen Jugendtreffen. 1970 beginnt der »Pilgerweg des Vertrauens«. 1974 nehmen schon 40 junge Menschen aus der ganzen Welt am Jugendtreffen teil. Ab 1978 finden an jedem Jahresende Jugendtreffen in den Weltmetropolen statt. Manchmal kommen 100.000 junge Leute dazu. 1986 besucht Papst Johannes Paul II. Taizé.

Das Lebensende von Frère Roger ist dramatisch: Am 16. August 2005 ersticht eine geistig verwirrte Frau Frère Roger während eines Gottesdienstes mit einigen Messerstichen. Zu seiner Beerdigung kommen rund 12.000 Menschen aus aller Welt.

Was hat Frère Roger mit Rom zu tun? War er katholisch? Formell ist er nicht zur katholischen Kirche übergetreten, aber er fühlte sich als Mitglied der katholischen Kirche, und dies wurde auch von den Päpsten anerkannt. Gezeigt hat sich dies vor allem dadurch, dass Johannes Paul II. Frère Roger mehrfach in Rom die Kommunion gereicht hat. Kardinal Josef Ratzinger tat das gleiche, als Frère Roger im Rollstuhl an der Totenmesse für den verstorbenen Johannes Paul teilnahm.

Kardinal Walter Kasper hat als Verantwortlicher für die Ökumene in einem Interview 2008 erklärt, Frère Roger habe den »Glauben seiner Ursprünge« mit all seinen Brüdern und Schwestern protestantischer Zugehörigkeit geteilt. Der Wunsch, seinen Glauben und sein geistliches Leben aus den Quellen anderer christlicher Traditionen zu speisen, habe ihn dann dazu geführt, »gewisse konfessionelle Grenzen« zu überschreiten. Im Laufe der Jahre sei sein Glaube zunehmend durch »das Glaubenserbe der katholischen Kirche bereichert« worden. Dazu hätten vornehmlich die Rolle Marias in der Heilsgeschichte, die Realpräsenz Christi in der Eucharistie und das apostolische Dienstamt in der Kirche beigetragen, »einschließlich des Dienstamtes an der Einheit, das der Bischof von Rom ausübt«. Als Antwort darauf habe die katholische Kirche zugestimmt, dass er die Eucharistie empfängt, wie er es jeden Morgen in der Kirche von Taizé getan hat. Aus diesem Grund habe Schütz mehrmals die Kommunion auch aus der Hand Papst Johannes Pauls II. empfangen. Kardinal Ratzinger habe bei der Beerdigung von Johannes Paul II. wiederholt, was bereits vor ihm im Petersdom praktiziert wurde: Roger Schütz habe seinen Glauben gefunden, ohne jemals »mit irgendjemandem« zu brechen. Aus diesem Grund, so Kasper weiter, habe es Schütz vorgezogen, Begriffe wie »Übertritt« oder »formeller« Beitritt nicht zur Bezeichnung seiner Gemeinschaft mit der katholischen Kirche zu verwenden. Es könnten lange theologische und kirchenrechtliche Diskussionen geführt werden, so Kasper. Aus Achtung aber vor dem Glaubensweg Frère Rogers sei es angebrachter, »nicht Kategorien auf ihn anzuwenden, die er selbst als seiner Erfahrung unangemessen ansah und die ihm die katholische Kirche im Übrigen niemals auferlegen wollte«.[39]

Frère Daniel von Taizé erklärte nach Frère Rogers Tod: »Wir haben eine ganz erstaunliche Erfahrung gemacht: Dass der Tod von Frère Roger, so grausam er war, uns noch näher zusammen gebracht hat in unserer Communauté, unter uns Brüdern. Es war so, dass Frère Roger, seine Botschaft, die ja eigentlich immer einfacher wurde – am Schluss waren es einige Worte: Vertrauen, Gemeinschaft – er hat diese Botschaft mit seinem Leben unterschrieben, und so wurden diese Worte noch einmal sehr kraftvoll.«[40] »Frère Roger hat seine Vision nie aus dem Blick verloren: Er hat nie daran gezweifelt, dass die Christen zur Einheit finden müssen, um glaubwürdig zu werden. Und er hat nie Kompromisse gemacht, wenn es um diese spirituelle Intuition ging.«[41]

Für unsere römischen Überlegungen spielt eine große Rolle, dass der in Deutschland als konservativ etikettierte Papst Johannes Paul II. und Roger Schütz – Katholik und Protestant – echte Freunde waren, die irgendwie zusammengehörten. Der Papst und der Taizé-Gründer begegneten sich zum ersten Mal im Jahr 1962 beim Zweiten Vatikanischen Konzil. Vor den Sitzungen des Konzils beteten sie in der Kapelle der heiligen Eucharistie des Petersdoms und lernten sich dabei kennen. Man kam sich näher, später wurde daraus eine lebenslange Freundschaft. Die beiden gingen gemeinsame Wege und auch getrennte, jeweils im Sinne ihrer Aufgabe. Aber sie trennten sich nie voneinander, so wie sie sich nie von der Idee trennen konnten, die Jugend auf dieser Welt für den Glauben zu begeistern. Der eine rief den »Weltjugendtag« ins Leben, und der andere gründete das »Konzil der Jugend«. Immer mit dem Gedanken im Hinterkopf, den Glauben an Jesus Christus, als eine Einheit zusammenzuführen. Sie waren nimmermüde Arbeiter im Weinberg des Herrn, echte Felsen der Christenheit. Beide Männer trugen das Phänomen der Geistlichkeit in sich. Sie waren ein Geschenk für die Welt, und dennoch hatten sie ihre unüberwindlichen Hürden, von denen sie – so nah aneinander und doch so weit entfernt – auf Distanz gehalten wurden. Man muss viel Demut besitzen und ein großes Verständnis aufbringen, um sich damit abzufinden, dass zwei große spirituelle und humanistische Menschen ohne Rast und Ruh, am Ende – vermeintlich – so viel und doch zu wenig für die Einheit des Christentums bewegen konnten. Ihr Traum auf der Suche nach der Einheit der Christenmenschen, tat keinen wirklich echten großen Schritt nach vorne, so wie sie sich es gewünscht hätten. Aber sie haben uns eine Perspektive voller Erwartungen hinterlassen. Das macht uns Hoffnung für die Zukunft.

Frère Roger Schütz und Papst Johannes Paul II. haben eine Brücke in die Zukunft gebaut. Sie haben einen Weg begonnen, um Hindernisse zu überwinden. Jeder muss von seiner Seite dem anderen entgegenkommen, und wir müssen uns in der Mitte treffen. Wenn wir das schaffen, dann wird auch der Tag kommen, wo der Traum von Frère Schütz und Karol Wojtyla in Erfüllung gehen wird: die Einheit der Christenmenschen in unseren Alltag zu integrieren und in Frieden miteinander zu leben.

Wir beten mit dem heiligen Augustinus sein Gebet um den Heiligen Geist:

Gebet um den Heiligen Geist
»Atme in mir, du Heiliger Geist, dass ich Heiliges denke.
Treibe mich, du Heiliger Geist, dass ich Heiliges tue.
Locke mich, du Heiliger Geist, dass ich Heiliges liebe.
Stärke mich, du Heiliger Geist, dass ich Heiliges hüte.
Hüte mich, du Heiliger Geist, dass ich es nimmer verliere.«[42]

Adresse: Taizé Communauté, Via del Plebiscito 107, 00187 Roma

20.
BIRGITTA VON SCHWEDEN
Unzeitgemäßer Feminismus

Heute fahren wir weit heraus aus der Altstadt – zur Basilika »Sankt Paul vor den Mauern«. Dort gehen wir vorne neben dem Hauptaltar links in eine Seitenkapelle. Hier finden wir eine Statue der heiligen Birgitta von Schweden.

Bevor wir Birgitta näher kennenlernen, der Hinweis auf einen Coup, der der Dame aus Schweden gelungen ist: Auf sie geht die heute weltweit verbreitete Weihnachtsdarstellung von der Geburt Jesu zurück. Bis zu Birgitta wurde das Weihnachtsgeheimnis auf Bildern immer in der ostkirchlichen Form dargestellt. Da ruhte Maria nämlich auf einem Lager. Seither sitzt oder steht Maria vor dem Jesuskind und Josef hält eine Lampe oder Kerze. Die Gottesmutter wird nicht mehr liegend dargestellt. Darauf wollen wir später noch zurückkommen.

Zunächst aber wollen wir diese erstaunliche Frau erst einmal kennenlernen. Birgitta wurde 1303 geboren, heiratete mit dreizehn Jahren, gebar acht Kinder und wurde »Hofmeisterin« am schwedischen Königshof. Von Kindheit an hatte sie Visionen. Mit etwa 35 Jahren pilgerte sie mit ihrem Mann Ulf nach Santiago de Compostela. Auf dem Rückweg starb ihr Mann. Nun begann sie ein klösterliches Leben und gründete den weiblichen Erlöserorden. Doch gleichzeitig machte sie Politik, las manchen Mächtigen in Skandinavien und einigen Päpsten die Leviten und engagierte sich für Frieden zwischen Frankreich und England und für die Rückkehr der Päpste aus Avignon nach Rom. Zum Heiligen Jahr 1350 pilgerte sie selbst

Birgitta, Altartafel in der Kirche von Salem, Södermanland

nach Rom, engagierte sich hier für Bettler und Prostituierte. Zwanzig Jahre später zog es sie nach Jerusalem. Sie starb dann kurz nach ihrer Rückkehr nach Rom. Ich erlaube mir, die heilige Birgitta eine »Römerin« zu nennen.

Bevor ich mit Birgitta plaudere, erlaube ich mir noch den Hinweis, dass hier in dieser Kapelle der heilige Ignatius mit seinen ersten Freunden die Ordensgelübde abgelegt hat.

»Birgitta, du warst ein Genie, warst Ehefrau und Mutter von acht Kindern, Beraterin der Königin von Schweden, du hast Könige

und Päpste in die Schranken verwiesen, warst dazu Beterin, Visionärin, Pilgerin nach Spanien, Italien und Jerusalem. Und schließlich haben deine Visionen die heutige Krippenkultur wesentlich gepflegt. – Höre Birgitta, du Genie, kannst du der Kirche heute helfen, den Frauen den Platz in der Kirche zu garantieren, der dem Willen Jesu Christi entspricht? Wir wissen es ja nicht ganz richtig. Kannst du zudem den gebildeten Christenmännern und -frauen beibringen, dass sie den Politikern auf die Finger schauen sollen? Sag ihnen, dass Europa seine Identität, seine Besonderheit verliert, wenn der Mann am Kreuz hier keine Rolle mehr spielt. Und kannst du den Christen, die brav sonntags in die Kirche gehen, zeigen, wie sie so beten können, dass für sie der Glaube auf ein befriedigendes Niveau kommt? Und schließlich: Du hast dich um die Prostituierten in Rom gekümmert. Kannst du bitte die Männer in die Schranken weisen, damit sie nicht nur von Frauenrechten reden, sondern sie auch respektieren? Birgitta, es gibt so viel zu tun. Hilfst du, dass wir es schaffen? Danke für diese Audienz. Wir werden dich nicht vergessen. Auf Wiedersehen!«

**Gebete zu Jesus Christus,
die die heilige Birgitta formulierte**
»O Jesus, unsterblicher und unüberwindlicher König!
Gedenke der Schmerzen, die Du erlitten hast,
als alle Kräfte Deines Lebens Dich gänzlich verließen,
und Du mit geneigtem Haupte sprachst: »Es ist vollbracht!«
Durch diese Deine Todesangst erbarme Dich meiner in
   meiner letzten Stunde,
wenn mein Gemüt bedrängt und mein Geist darnieder
   gebeugt sein wird.

O Jesus, Du Eingeborener des allerhöchsten Vaters,
Abglanz und Ebenbild seiner Wesenheit!

Gedenke jener innigsten Hingebung,
womit Du dem Vater Deinen Geist übergeben hast,
    indem Du riefest:
»Vater, in deine Hände empfehle ich meinen Geist!«
Und wie Du als dann mit zerrissenem Leibe,
mit gebrochenem Herzen Deine Barmherzigkeit über uns
    vollendet
und so Deinen Geist aufgegeben hast.

Durch diesen kostbaren Tod bitte ich Dich, o König der
    Heiligen,
stärke mich im Streite gegen den Satan, die Welt und das
    Fleisch,
damit ich, der Welt absterbend, Dir lebe und meine Seele
    endlich,
wenn sie in der Stunde des Scheidens von ihrer Pilgerschaft
    zurückkehrt,
mit erbarmender Liebe von Dir aufgenommen werde.

O Jesus, Du wahrer und fruchtbarer Weinstock,
in welchen wir eingepflanzt sind,
    gedenke jener überreichen Vergießung Deines Blutes,
welches Du, gleich dem Safte der gepressten Traube,
    vergossen,
als Du aus Deiner durch die Lanze geöffneten Seite Blut
    und Wasser
reichlich hervorquellen ließest, dergestalt, dass auch kein
    Tropfen zurückblieb,
und Dein heiligster Leib, hoch am Kreuze schwebte.
Durch diese Vergießung Deines Blutes stärke meine Seele
    im letzten Todesstreite
und lasse sie, von allen Flecken rein, vor Dir erscheinen.[43]

Birgitta von Schweden wurde 1999 von Papst Johannes Paul II. zusammen mit der Kirchenlehrerin Katharina von Siena und der heiligen Edith Stein zur Patronin Europas erhoben.

Adresse: Basilika Sankt Paul vor den Mauern, Piazzale San Paolo, 1, 00146 Roma

21.
JOHANNES PAUL II. UND PATER PEDRO ARRUPE
Zwei Heilige im Streit

Wir fahren heute einmal aus Rom hinaus nach Castel Gandolfo. Dort begegnen wir zwei überragenden Persönlichkeiten der katholischen Kirche des 20. Jahrhunderts. Um es gleich zu sagen: Sie kamen aus sehr unterschiedlichen Welten und hatten daher teilweise sehr unterschiedliche Weltanschauungen. Daher gab es einen frommen christlichen Streit.

Doch wir müssen sie erst einmal vorstellen.

Papst Johannes Paul II. war der erste nicht-italienische Papst seit rund 500 Jahren. Er kam aus dem sowjetisch dominierten Polen, hatte Verfolgung und Unterdrückung der Kirche erlebt. Von seiner Begabung her hätte er auch Politiker oder Schauspieler werden können. Gleichzeitig war er ein zutiefst frommer Mann, der allem Sündigen wie ein Märtyrer Widerstand leisten konnte. Er hatte also alle Voraussetzungen, um Papst zu werden. Das erkannten auch die Kardinäle, die ihn 1978 in wenigen Wahlgängen zum Papst wählten. Er war damals erst 58 Jahre alt. Ein entscheidendes Wort sagte er bei seinem ersten Auftritt vor der jubelnden Menge auf dem Petersplatz: Habt keine Angst. Er wusste aus seiner kommunistischen Leidenszeit, dass Angst lähmt, Mut Unmögliches möglich macht. So leistete er einen wesentlichen Beitrag zum Zusammenbruch des sowjetischen Systems. Aber es hielt ihn auch nicht im Vatikan, er wurde der »Reisepapst«. Während seiner 26 Jahre als Papst machte er über 100 Reisen. Er schrieb viele Enzykliken, zeigte sich auch als Dichter und scheute sich nicht, bei seinen Reisen wie ein Schauspieler auf der Bühne der Welt aufzutreten. Er war ganz authentisch und überzeugte. Für Politiker aus aller Welt war es nützlich, sich auf einem Foto mit dem Papst zeigen zu können. Wenige Jahre nach seinem Tod wurde er selig- und heiliggesprochen.

Und nun sein Gegenüber: Der Generalobere des Jesuitenordens Pater Pedro Arrupe.

Er war nicht minder charismatisch, nicht minder weitgereist, nicht minder profiliert und fromm. Arrupe kam aus dem spanischen Baskenland, war 15 Jahre älter als Johannes Paul und wurde mit 58 Jahren zum Chef von 36.000 Jesuiten gewählt. Als junger Mann kam er als Missionar nach Japan, erlebte dort die Abwürfe der Atombomben auf Hiroshima und Nagasaki, stand danach Tausenden von Verletzten und Obdachlosen bei. Er wurde Novizenmeister und Provinzoberer der Gesellschaft Jesu in Japan. Auch er war ein äußerst gewinnender Mensch voll Humor und menschlichem Charme und gleichzeitig geprägt von einer sehr tiefen ignatianischen Frömmigkeit. In gewisser Weise war er auf Augenhöhe mit Papst Johannes Paul II.

Und doch kamen beide aus völlig verschiedenen Welten. Johannes Paul aus dem katholischen Polen, das seine ganzen Kräfte aufbringen musste, um dem sowjetisch-kommunistischen Druck Widerstand zu leisten. Daher gab es dort im Unterschied zum »Westen« kaum theologische Diskussionen, kaum Auseinandersetzung mit der säkularisierten Moderne. Es galt, die Reihen geschlossen und an der Tradition festzuhalten. Innere Spaltung unter Kirchenleuten und Theologen hätten zu Schwäche geführt. Daher mussten Differenzen klein gehalten werden. Einheit machte die Polen unschlagbar.

Ganz anders bei Pater Arrupe. Er hatte erkannt, dass die Welt sich in einer radikalen Veränderung befand, dass das Christentum sich mit dieser Welt in einer völlig neuen Weise auseinandersetzen musste. Er hatte erkannt, dass die Gesellschaft Jesu zu ihrem Ursprung zurückkehren musste. Das bedeutete, dass die Jesuiten aus ihren Niederlassungen heraus mussten auf die Straßen der Welt, wo Ignatius und seine ersten Gefährten den Weg begonnen hatten. Arrupe erkannte, dass die Jesuiten auf dem Areopag der Moderne argumentieren, sich mit Naturwissenschaft, Technik und vor allem mit den sozialen Fragen der Moderne auseinandersetzen sollten. Sie sollten verankert sein in der Spiritualität des heiligen Ignatius, aber flexibel und menschennah. Als Hunderttausende von Bootsflüchtlingen aus Vietnam flüchteten, gründete Arrupe den Jesuitenflüchtlingsdienst.

Die Neuorientierung im Orden schaffte eine gewisse interne Unruhe, Diskussionen und Streitgespräche. Arrupe musste erklären, verbinden, zurechtweisen. Es gab im Orden Spaltungen, viele Ordensmitglieder verließen die Gemeinschaft. Etliche Unzufriedene wandten sich mit Kritik gegen Arrupe an den Vatikan. Schließlich entschied sich Arrupe aufgrund seiner Erschöpfung, vom Amt zurückzutreten, was aber die Genehmigung des Papstes voraussetzte. Bevor dies geschah, erlitt Arrupe einen Schlaganfall und war noch zehn Jahre lang gelähmt. Johannes Paul wollte keine Wahl eines Nachfolgers, sondern ernannte für zwei Jahre einen persönlichen Delegaten für die Leitung des Ordens, bevor der Orden dann Pater Kolvenbach zum Nachfolger Arrupes wählen konnte. Arrupe starb 1991.

Wir haben es also hier mit der Begegnung von zwei herausragenden Kirchenleuten zu tun. Beide haben eine Periode der Zeit wesentlich geprägt. Johannes Paul II. ist schon heilig-

gesprochen. Der Prozess der Seligsprechung von Pater Arrupe ist im Gang.

Ich habe ein Gespräch zwischen dem Papst und dem Generaloberen der Jesuiten frei erfunden und hoffe, ihnen gerecht zu werden. Wir sind zu dem Gespräch in Castel Gandolfo, wohin Papst Johannes Paul Pater Arrupe gebeten hat.

Johannes Paul II.: »*Guten Morgen, Pater Arrupe. Ich danke Ihnen vielmals, dass Sie den Weg hierher gemacht haben und meiner Einladung gefolgt sind.*«

Pater Arrupe: »*Guten Morgen, Heiliger Vater.*«

Johannes Paul II.: »*Pater Arrupe, ich habe Sie hierhergebeten, weil ich Klagen über Ihre Amtsführung aus verschiedenen Teilen der Welt bekommen habe. Man hat mich gebeten einzugreifen. Und ich muss Ihnen gestehen, dass ich auch mit vielem in Ihrem Orden unzufrieden bin. Der Orden des*

Abb. 22 Castel Gandolfo, Belvedere, Garten der Spiegel

heiligen Ignatius ist ja gegründet, um ganz auf der Seite des Papstes zu stehen, seine Lehre zu erklären und zu verteidigen. Das tun aber viele Jesuiten nicht mehr, wie ich höre. Es dreht sich meist um Theologieprofessoren. Einige dozieren in Japan, andere in den USA, dann sind es auch welche aus dem deutschen Sprachraum. Die Glaubenskongregation hat wohl Zweifel an ihren Lehren.«

Pater Arrupe: »Heiliger Vater, ja mir gefällt auch nicht alles. Da sind wir gleicher Meinung.«

Johannes Paul II.: »Aber warum greifen Sie nicht stärker ein? Sie haben nicht nur die Macht, sondern auch die Pflicht dafür zu sorgen, dass die Theologieprofessoren bei der richtigen Lehre bleiben.«

Pater Arrupe: »Ja, hier gehen unsere Denkwege und unsere Methoden vermutlich ein wenig auseinander.«

Johannes Paul II.: »Können Sie mir das erklären? Darf und kann das sein? Die Jesuiten sind schließlich von ihrem Gründer her, dem heiligen Ignatius auf die Treue zum Papst speziell verpflichtet.«

Pater Arrupe: »Da stimme ich Ihnen völlig zu. Ich unterstreiche auch immer meinen Mitbrüdern gegenüber diese Treue zum Lehramt.«

Johannes Paul II.: »Und warum funktioniert das nicht?«

Pater Arrupe: »Hier muss ich ein wenig ausholen. Ich war die längste Zeit meines Ordenslebens in Japan und hatte Mitbrüder aus vielen Ländern des sogenannten Westens. Sie haben das, was man eine westliche Mentalität und Einstellung zu Autorität und Gehorsam nennt. Sie leben auf dem Hintergrund, dass in der Theologie und der kirchlichen Lehre Argumente zählen. Die Menschen sollen verstehen, warum sie dies und jenes glauben sollen und dürfen. Autorität alleine genügt nicht. Sie vertreten ihren Glauben nicht, weil es eine Autorität ihnen vorschreibt, sondern sie suchen Argumente, Gründe für den Glaubensinhalt. Und Sie, Heiliger Vater, kommen aus einer Welt, wo die Kirche schwer unterdrückt wurde, wo es gottlob viele Märtyrer gab, Menschen, die für ihren Glauben litten und starben. Bei ihnen stand der Widerstand im Vordergrund, im Hintergrund stand das Denken, das kritische Fragen. Wer kritische Fragen zuließ, wurde schwächer im Widerstand. Verstehen Sie mich?«

Johannes Paul II.: »Ich glaube, Sie zu verstehen. Aber erlauben Sie nochmal die Frage: Können wir heute den Glauben auch im Westen verkündigen und verteidigen, wenn wir nicht Märtyrer sind, Zeugen des Glaubens? Mitgerissen werden gerade westlich denkende Menschen nur, wenn sie Zeugen des Glaubens erleben, Menschen die bereit sind, für ihren Glauben zu sterben. Fehlt nicht gerade im Westen die Widerständigkeit gegen den Liberalismus, gegen die übertriebene Freiheit? Herrscht nicht im Westen oft ein falsches Menschenbild, wo die Freiheit über alles schwebt, die Bindung, die Verpflichtung, auf der Strecke bleibt? Gibt es nicht ein wunderbares Gedicht, in dem es heißt, dass die Rose nur blüht, wenn sie angebunden ist? Muss also ein Ordensgeneral nicht seine Leute in die Höhe binden, damit ihre Lehre anziehend strahlt, damit Glauben überzeugend wirkt?«

Pater Arrupe: »Richtig. Man kann mit liebenden Bändern binden oder mit Stacheldraht. Ich versuche, meine Mitbrüder mit liebenden Bändern in die Höhe zu binden und lehne den Stacheldraht ab.«

Johannes Paul II.: »Ich will auch keinen Stacheldraht. Wir haben das im Osten zur Genüge gehabt. Aber ich will Überzeugungskraft. Sie, Pater General, müssen überzeugen.«

Pater Arrupe: »Völlig richtig. Das versuche ich auch durch die Art, wie ich lebe und leite.«

Johannes Paul II.: »Das genügt, wenn Ihre Leute Heilige sind. Aber das sind sie leider nicht alle. Was hätte Ignatius an ihrer Stelle gemacht?«

Pater Arrupe: »Ich denke, die Zeit von Ignatius war völlig anders. Zu seiner Zeit gab es keine Aufklärung. Es galt noch nicht die Norm von Immanuel Kant, die fordert: Nütze deinen eigenen Verstand. Damals gab es die großen Autoritäten Augustinus, Thomas von Aquin und viele andere. Heute haben wir neben den kirchlichen theologischen Autoritäten auch rein philosophische Autoritäten wie Kant und Descartes. Wenn wir heute gebildete Menschen in Japan und Europa überzeugen wollen, müssen wir die Argumente der Aufklärer ernst nehmen und vielleicht widerlegen. Aber sie sind Stolpersteine, die uns einerseits hindern, aber andererseits auch zum Aufstieg helfen.«

Johannes Paul II.: »Ich sehe, die Welten, aus denen wir kommen, sind sehr unterschiedlich. Ich bin ja auch Philosoph, freilich ein Philosoph, der gleichzeitig Stacheldraht kennen gelernt *hat, für den nicht nur der Glaube und die Theologie Stütze waren, sondern auch seine Philosophie ein Standbein war, um standhalten zu können in der diabolischen Argumentation derer, die die Wahrheit verdrehen. Das marxistische System ist ja auch zusammengebrochen, weil es wirtschaftlich nichts taugte und weil es die denkenden Kommunisten immer weniger überzeugte. Die unabhängigen russischen Denker haben bald gemerkt, dass Karl Marx nur scheinbar recht hatte.«*

Pater Arrupe: *»Glauben Sie mir, Heiliger Vater! Wir ringen im Westen darum, dass die Liberalen auch zu den weisen Einsichten kommen, die gescheite Kommunisten fanden. Weise Liberale wissen, dass der Westen echte, auch religiöse Werte braucht, wenn ihn sein Liberalismus nicht zugrunde richten soll. Sie kennen ja sicher auch das Diktum des deutschen Professors Böckenförde. Er sagt: Der liberale Staat braucht bei seinen Bürgern ethische Voraussetzungen, sonst kann er ihnen die Freiheit nicht gewähren. Wenn die Bürger keine Ethik haben, keine moralischen Normen, dann kann er ihnen die Freiheit nicht lassen, denn dann löst sich die Freiheit in Chaos auf.«*

Johannes Paul II.: *»Danke, lieber Pater Arrupe. Herzlichen Dank, dass wir so gut miteinander sprechen konnten. Darf ich Sie zum Schluss bitten, alles zu tun, damit der Orden des heiligen Ignatius auf der Höhe der Zeit bleibt. Die Zeit braucht Zeugen, auch Zeugen der Treue zum Papst. Wenn wir gespalten sind, dann sind wir schwach.«*

Pater Arrupe: *»Ich werde alles in meiner Macht tun, damit der Jesuitenorden die Gemeinschaft bleibt, die der heilige Ignatius wollte.«*

Johannes Paul II.: *»Ich glaube, wir haben beide einiges gelernt. Ich wünsche mir, dass die denkenden Bürger des Westens erkennen: Es ist weder leicht, Papst zu sein und einen Vatikan leiten zu müssen. Und es ist nicht leicht, Ordensgeneral im Je-*

suitenorden zu sein und einen Jesuitenorden zu leiten. Mögen die Kritiker das erkennen, barmherzig mit uns sein und auch weise sein. Ich wünsche Ihnen einen guten Tag.«
Pater Arrupe: *Ebenso, Heiliger Vater.*

Gebet von Johannes Paul II.
»Steh auf, der du enttäuscht bist.
Steh auf, der du keine Hoffnung mehr hast.
Steh auf, der du an die Eintönigkeit gewöhnt bist und nicht mehr glaubst, dass man Neues schaffen kann.

Steh auf, denn Gott ist daran »alle Dinge neu zu schaffen«!
Steh auf, der du dich an die Gaben Gottes gewöhnt hast.
Steh auf, der du die Fähigkeit zu staunen verlernt hast.
Steh auf, der du das Vertrauen verloren hast, Gott »Vater« (Papa) zu nennen.

Steh auf, und beginne wieder voller Bewunderung für die Güte Gottes zu sein.
Steh auf, der du leidest.
Steh auf, dem es dir scheint, dass das Leben dir viel verweigert hat. Steh auf, wenn du dich ausgeschlossen, verlassen, beiseitegeschoben fühlst.
Steh auf, denn Christus hat dir seine Liebe gezeigt und hält für dich die Verwirklichung einer unverhofften Möglichkeit bereit. Steh auf!
STEH AUF und GEH!« *(8. Juni 1986)44*

Pater Arrupe zu einem Journalisten:
»*Für mich ist Jesus Christus alles.*
Nur so kann ich ausdrücken,
was Jesus Christus in meinem Leben bedeutet: alles.

Er war und ist mein Ideal seit meinem Eintritt in die Gesellschaft Jesu,
er war und bleibt mein Weg, er war und ist immer noch meine Stärke.
Ich denke, es ist nicht nötig, viel zu erklären, was das heißt.
Nehmen Sie Christus aus meinem Leben, und alles wird zusammenstürzen,
wie ein Körper, dem man das Skelett, den Kopf und das Herz wegnimmt.«[45]

Adresse: Päpstliche Sommerresidenz Castel Gandolfo, Piazza della Libertà, 00073 Castel Gandolfo

22.
MOSES
Schöpfer eines Kulturgutes

Heute möchte ich mit Ihnen dem großen jüdischen Gesetzgeber Moses einen Besuch abstatten und ihm meine Verehrung erweisen. Wir gehen dazu in die Kirche »San Pietro in Vincoli«. Sie ist nicht ganz leicht zu finden. Sie liegt ein gutes Stück südlich des Bahnhofs Termini. In der Kirche bewundern wir die herrliche Statue des Moses, die Michelangelo geschaffen hat.

Hier erlaube ich mir, Ihnen, liebe Besucherinnen und Besucher, eine Rede an Moses zu halten.

»Lieber Gesetzgeber Moses,
nach der heiligen Schrift hast du dein Volk aus der Gefangenschaft in Ägypten nach Israel, ins Heilige Land geführt und hast ihm sein Gesetz gegeben. Man kann sagen, dass du die maßgebende Persönlichkeit des Volkes der Juden warst. Vor dir ist Abraham entscheidend und nach dir sind es die Propheten. Freilich wissen wir rein historisch über deine Lebensgeschichte nur Weniges sicher. Aber über deine Wirkung wissen wir sehr viel. Und diese ist außerordentlich groß. Denn du hast die Geschichte Europas und damit auch der halben Welt mehr geprägt als fast alle anderen bedeutenden Persönlichkeiten der Erdgeschichte. Wenn du mich nun fragst, warum ich das meine, so sage ich Dir: Du hast deinem Volk Lebensnormen hinterlassen, die ein Kulturgut der Menschheit geworden sind. Ich spreche von dem, was wir meist »Zehn Gebote« nennen. Dein Volk, die Juden, haben sich auf diese Normen verpflichtet. Ich bezeichne sie für den modernen

Michelangelo, Figur des Moses

Menschen ein wenig anders und nenne sie »Normen des Respekts«. Hier sind sie:
Respekt vor dem Leben – *du sollst nicht töten*
Respekt vor der Wahrheit – *du sollst kein falsches Zeugnis geben*
Respekt vor den Eltern – *du sollst deine Eltern ehren*
Respekt vor der Ehe – *du sollst die versprochene Treue halten*
Respekt vor dem Eigentum – *du sollst nicht stehlen*

Und das alles auf dem Hintergrund:
Respekt vor Gott – *dem Herrn des Himmels und der Erde, der den Kosmos erschaffen hat.*

Viele dieser Normen sind der Hintergrund für die Verfassungen vieler Länder. Auf diese Weise hat das kleine Volk der Juden für die Weltgeschichte und die Weltkultur eine enorme Bedeutung. Der moderne aufgeklärte Mensch ist zwar der Ansicht, dass Staat und Religion strikt getrennt sein müssen. Das ist auch richtig so. Aber die Gesetze und Normen eines Staates haben meist religiöse Quellen. Hinter jeder Kultur stehen religiöse Überzeugungen, transzendent begründet Ansichten. Ich möchte dir hier an dieser Stelle, vor dieser wunderbaren Statue, herzlich für deinen Beitrag für eine humane Welt danken.

Freilich kann ich nicht vergessen, dass du einen außerordentlichen Nachfolger hattest und hast: den Juden Jesus von Nazareth. Der junge Mann aus dem kleinen Dorf in Galiläa ist außerordentlich kühn aufgetreten. Er verkündete seinem Volk »Ihr habt gehört, du sollst nicht töten, ich aber sage euch, du sollst deinen Bruder nicht einmal zürnen. Ihr habt gehört, du sollst nicht die Ehe brechen. Ich aber sage euch, ihr sollt eine Frau nicht einmal lüstern ansehen.« Der junge Mann aus Nazareth ist über deine Forderungen weit hinausgegangen. Er hat aus dem staatlichen Gesetz ein Gesetz des Herzens gemacht. Er wollte in der Welt nicht nur Ordnung, er wollte Verständnis, Liebe, heute sagt man auch Empathie. So hat Jesus ebenfalls zur Weltkultur beigetragen.

Und noch ein Unterschied zwischen dir, Moses, und Jesus: Dein Grab wird bis heute östlich des Jordan, in Jordanien verehrt. Jesu Grab in Jerusalem wird auch verehrt, aber es ist leer. Die Seinen haben ihn nach seiner schrecklichen Kreuzigung lebend gesehen, angefasst, mit ihm gegessen und getrunken. Und weil er so souverän aufgetreten ist und gesprochen hat, weil er Kranke geheilt hat und schließlich von den Toten erweckt wurde, glauben Christen, dass in ihm Gott Mensch geworden ist. Jesus würde sich vor dir Moses verneigen, denn er kennt deine Bedeutung und Berufung. Er würde sagen: Wenn die Menschheit sich doch wenigstens an die Worte des Moses halten würde, dann ginge es ihr besser.

Und wir bitten dich, lieber Gesetzgeber Moses, kannst du bitte dafür sorgen, dass Juden und Christen einander näherkommen, dass wir versuchen, einander besser zu verstehen, dass wir unseren jeweiligen Glauben bekennen und in die Welt tragen. Denn Unglaube ist tödlich. Verankerung in einem überweltlichen Gott ist die Rettung des Menschen. Heute aber hat man manchmal den Eindruck, dass die Menschenwelt in Verblendung untergeht.«

Singen wir mit der ganzen Welt vor der Statue des Moses:
»When Israel was in Egypt's land: Let my people go,
    Oppress'd so hard, they could not stand. Let my People go.
Go down, Moses,
Way down in Egypt land,
Tell old Pharaoh,
Let my people go.
Thus saith the Lord bold Moses said: Let my people go,
    If not I'll smite your firstborn dead. Let my People go.
Go down, Moses, …
No more shall they in bondage toil. Let my people go,
    Let them come out with Egypt's spoil! Let my People go.
Go down, Moses, …
O let us all from bondage flee. Let my people go,
    And let us all in Christ be free. Let my People go.
Go down, Moses,
Way down in Egypt land,
Tell old Pharaoh,
Let my people go.[46]

Adresse: Chiesa San Pietro in Vincoli, Piazza di San Pietro in Vincoli, 4/a, 00184 Roma

23.
THÉRÈSE VON LISIEUX
Ein Fremdkörper von einem anderen Stern

Um das junge Mädchen Thérèse aus Nordfrankreich in Rom zu treffen, müssen wir in den apostolischen Palast gehen. Außer ihr treffen wir niemanden in diesen »heiligen Hallen«, nur das kleine nachdrücklich drängende Mädchen aus Lisieux. Sie hatte es mit grade mal 15 Jahren durchgesetzt, Papst Leo XIII. um die Erlaubnis zu bitten, ins Kloster einzutreten. Er aber lehnte ab, sie sei noch zu jung.

Das im Jahr 1873 geborene Mädchen aus Lisieux fasziniert bis heute Millionen Menschen, obwohl es eigentlich ein Fremdkörper in der heutigen säkularisierten Welt ist. In ihre Heimat Lisieux aber kommen jährlich ihretwegen Hunderttausende. Die junge Frau wurde nur 24 Jahre alt, ist aber dennoch ein Modell für Christen, die sich etwas tiefer in die Spiritualität Jesu Christi eingelebt haben oder einleben wollen.

Das Kind war hartnäckig. Schon mit 13 Jahren wollte es in den Karmel eintreten. Der Bischof verbot es, auch er fand sie zu jung. So nutzte sie einen Pilgerzug nach Rom. Aber der Papst war der bischöflichen Ansicht. Als sie schließlich 15 Jahre alt war, bekam sie die Erlaubnis. Sie wurde im Kloster der Karmelitinnen mit strenger Klausur aufgenommen. Dort war sie freilich die meiste Zeit krank und starb 24-jährig im Jahr 1897 an Tuberkulose.

Das Phänomen Thérèse verdient auch in Rom unsere Aufmerksamkeit – vielleicht gerade weil es ein »Fremdkörper« ist, etwas »Außerirdisches«. Heute würde man vielleicht sagen »etwas Extraterrestrisches«. Andere würden sagen: Psychisch nicht ganz in Ordnung. Aber: Im Jahr 1925, 28 Jahre nach ihrem Tod, wurde sie schon heiliggesprochen.

Doch wir müssen genauer hinschauen: Ihre Mitschwestern hielten die junge Thérèse für eingebildet und machten ihr das Leben schwer, die Priorin behandelte sie in den ersten Jahren mit größter Strenge. Hinzu kamen seltsame Ängste, die sie ihr Leben lang quälten, das Erleben einer geistigen Dürre und schwere Krankheiten. Ihr Glaube wurde auch durch die Krankheit ihres geliebten Vaters auf die Probe gestellt. Er starb wenige Jahre nach ihrem Ordenseintritt.

Da Thérèse ein »Sonderfall« im Kloster war, schrieb sie auf Anordnung ihrer Ordensoberin über ihr geistliches Leben. Das Buch erschien zwei Jahre nach ihrem Tod unter dem Titel »Geschichte einer Seele« und wurde ein Bestseller. Laut Wikipedia ist ihre Schrift das in Frankreich nach der Bibel am meisten gelesene Buch. Es erschien in über 50 Sprachen. Doch die erste Ausgabe war eine Fälschung, denn die Ordensoberen hatten die Passagen aus dem Buch gestrichen, in denen Thérèse über ihre Zweifel an Gott, ihre geistliche Dürre, über ihre Angst vor dem Nichts schrieb. Erst nach dem 2. Weltkrieg erschien die volle Ausgabe. Die Zahl der Menschen, die Erhörungen ihrer Bitten auf die Fürsprache von Thérèse bei Gott zurückführten, gingen in die Hunderttausende. In Lisieux steht eine Basilika mit ihrem Namen. Hierher kommen jährlich 2 Millionen Pilger. Wenig bekannt sind acht von ihr geschriebene Theaterstücke. Sie war ein erstaunliches Genie Gottes.

Thèrèse von Lisieux als Karmelitin

Ich könnte mir vorstellen, dass Thérèse den Päpsten, Bischöfen und Theologen zur heutigen Situation Folgendes sagen würde: »*Ihre Kirchensituation ist dramatisch. Bald werden die meisten Europäer Jesus Christus nicht mehr kennen. Und sie wissen nicht einmal, was sie da verlieren. Sind die Kirchenleute vielleicht selbst ein wenig schuld daran, dass die Getauften Christus nicht kennen? Was macht meine Kirche falsch? Ich leide mit Ihnen, dass es trotz ihrer theologischen und pastoralen Arbeit mit der Zahl der Kirchenmitglieder so bergab geht. Sie wissen besser als ich, dass dies eine Folge der Aufklärung ist, das heißt: Die Welt und ihre Geschichte werden ohne einen Schöpfer und Erhalter interpretiert. Die Menschen »brauchen« Gott nicht mehr, um die*

Welt zu erklären. Zu meiner Zeit war das bei den meisten Katholiken in Frankreich noch etwas anderes. Wenn man krank war oder arbeitslos oder vor dem Tod stand, riefen die Menschen zu Gott. Man »brauchte« ihn.

Was kann ich Ihnen aus meiner kirchlichen Situation empfehlen? Bitte seien Sie nicht traurig, nicht deprimiert, aber beten Sie selbst mehr als Sie in Beratungen sitzen. Es geht in der Kirche heute wohl nicht um die Menge, sondern um die Tiefe. Die wenigen Menschen, die sich für Glaubensfragen interessieren, brauchen überzeugende Zeugen und rationale Antworten. Vertrauen Sie weniger auf das Können Ihrer PR-Leute und Theologen, vertrauen Sie mehr auf die Beter. Vertrauen Sie auf die Menschen, die mit Gott ringen, die durch alles Leid hindurch Gott suchen, die nach Gott schreien. Denken sie an die großen modernen Gottsucher: an meine Landsleute Charles de Foucauld, Paul Claudel, Marthe Robin, André Frossard, Bernadette Soubirous, Teilhard de Chardin, Roger Schütz. Gott hat so viel Geist ausgesät in Europa! Aber Europa lässt sich von den Dämonen des Materialismus und Pragmatismus verführen. – Liebe Bischöfe und Theologen, verzeiht, dass ich Euch belehren wollte. Es kam nur so aus meiner Feder.«

Das Lied vom heutigen Tag von Thérèse von Lisieux
»So schnell die Zeit vergeht, so schnell vergeht das Leben,
und näher kommt der Tod mit jedem Stundenschlag.
Zu lieben dich, mein Gott, hast du mir nur gegeben
    den heutigen Tag!
Ich liebe dich, o Herr. Nach dir geht mein Verlangen.
Mit deiner Liebe stets mein' arme Seele trag;
beschütze gnädig sie, dann werde ich nicht bangen
    am heutigen Tag!

Muss ich im Dunkeln gehn auf unbekannten Wegen,
sollt' ich da fürchten mich vor dem, was kommen mag?
Bewahre rein mein Herz
und schenk' mir deinen Segen
    am heutigen Tag!
Wenn ich an morgen denk', dann fürcht' ich mein Versagen,
und schon erahnt mein Herz Verdruss und Schicksalsschlag.
Doch will ich, Herr, für dich gern Leid und Prüfung tragen
    am heutigen Tag!
In deinem Antlitz, Herr, halt' gütig mich geborgen,
dass ich den Lärm nicht hör' von ängstlichem Geklag.
Gib deine Liebe mir, dann leb' ich ohne Sorgen
    am heutigen Tag!
Aus meinem Herzen wird dich keine Angst vertreiben,
und nie wird schrecken mich, was finstere Macht vermag.
Ach, lass mich nur, o Herr, in deinem Herzen bleiben
    am heutigen Tag!
Den Herrn im Licht zu schau'n am Ostermorgen, ist,
was auf sein Wort hin ich fest zu hoffen wag',
wenn auch sein Angesicht mir bleibet noch verborgen
    am heutigen Tag!
Bald flieg' ich, Herr, hinauf, um dir mein Lob zu singen,
wo Tod nicht ist noch Pein noch Leiden oder Plag,
dort soll mein Lied für dich aus Engelsharfen klingen
    am ewigen Tag!«[47]

Adresse: Palazzo Apostolico, 00120 Città del Vaticano

24.
PETRUS CANISIUS
Reformator Deutschlands

Um den Erneuerer der katholischen Kirche in Deutschland zu treffen, gehen wir heute in die Engelsburg, direkt am Tiber, unweit des Vatikans. Hier nämlich, in dieser riesigen uralten Burg, Grabanlage und Papstpalast, trat der Heilige Petrus Canisius vor Papst Paul III. Er hielt zunächst eine Ansprache, bekam dann den Segen des Papstes und fühlte sich dadurch für die vor ihm liegende große Aufgabe in Deutschland gestärkt. Er führte diese Stärkung vor allem auf die Apostel Petrus und Paulus zurück. In seinen Erinnerungen schreibt er dann dies Gebet:

»Du weißt es, o Herr, wie sehr und wie oft du mir an jenem Tage Deutschland ans Herz gelegt hast. Ich sollte fortfahren, für dieses Land besorgt zu sein, mich ganz dafür hinzugeben, wie einst Peter Faber, und nichts anderes mehr wünschen, als für es zu leben und zu sterben. So sollte ich zusammen wirken mit dem himmlischen Schutzgeist Deutschlands«.[48]

Canisius sollte vor allem an der Universität Ingolstadt Theologie dozieren. Doch die Zahl der Studenten war sehr gering. Es bestand kaum Interesse. Aber auch sonst sah es düster aus. Nach ein paar Jahren schreibt er nach Rom:

»Allgemein möchte ich sagen, dass man unter heutigen Deutschen vergebens nach praktischem Interesse an der Religion sucht. Der Gottesdienst der Katholiken ist so ziemlich auf das Halten einer ohne alle Begeisterung vorgetragenen Predigt an Festtagen beschränkt Wie selten besucht ein Mann die

Petrus Canisius auf einem Kupferstich um 1600

Kirche und die heilige Messe oder bekundet durch irgendein äußeres Zeichen, dass er noch Freude hat am Glauben.«⁴⁹

Wichtig ist festzuhalten: Canisius ist keineswegs geschickt worden, um die Anhänger Luthers zu bekämpfen oder zu bekehren. Martin Luther war gerade drei Jahre tot, als Canisius nach Deutschland kam. Es ging darum, den Glauben an Jesus Christus wieder zu verlebendigen. Reform war dringend nötig.

Tausende engagierte Christen wünschen sich heute wie Canisius Reformen in der Kirche. Ich erlaube mir einen Dialog mit Petrus Canisius zu erfinden.

Frage: »*Lieber Petrus Canisius. Haben Sie auch den Eindruck, dass die katholische Kirche in Mitteleuropa heute dringend Reform braucht? Und worin besteht sie vor allem?*«

Canisius: »*Ja – selbstverständlich. Reform ist dringend geboten. Freilich gibt es große Unterschiede zwischen meiner Zeit und eurer Zeit. Zu meiner Zeit glaubten die Menschen an Gott, aber er spielte in ihrem Leben nur eine Rolle, wenn sie am Sterben waren. In eurer Zeit spielt Gott für unzählige getaufte und ungetaufte Europäer meist nur eine sehr geringe Rolle. Vor allem hat er im gesellschaftlichen Leben keinen Platz. Die Meisten sind davon überzeugt, dass Gott ›Privatsache‹ ist, und der Glaube an ihn in der Gesellschaft keine Rolle spielen darf. Ich halte das für eine große Dummheit und für einen diabolischen Irrtum.*«

Frage: »*Soll denn die Kirche wieder Macht gewinnen oder Politik machen?*«

Canisius: »*Auf keinen Fall! Es gilt Trennung von Kirche und Staat. Der Staat hat Religion nicht zu fördern, wohl aber muss es die Zivilgesellschaft im wohl verstandenen Eigeninteresse tun. Denn wenn die Menschen keine Verankerung in einer transzendenten Autorität haben, sind sie leichter Windfahnen für politische Demagogen und Populisten und sind völlig der Manipulation durch Meinungsmacher und Händler ausgeliefert. Es käme darauf an, dass die bürgerlichen Vereine, Verbände, gesellschaftlichen Gruppen von Christen auf die Bedeutung des religiösen Glaubens hinweisen und ihn fördern.*«

Frage: »*Wollten Sie eigentlich damals die Kirche reformieren?*«

Canisius: »*Nein, auf diese Idee wäre ich nie gekommen. Dafür bin ich viel zu schwach. Und so etwas wie Kirche kann man nicht einfach reformieren. Denn sie lebt vom Glauben ihrer Mitglieder. Kirche kann man nicht aufräumen wie einen Staat oder ein Wirtschaftsunternehmen. Man kann und muss sich fragen, was die Verantwortlichen in der Kirche vielleicht falsch machen, was die Theologen falsch sehen. Die Defekte kann und muss man sehen, aber Glaube und Kirche zu verlebendigen, dazu braucht es einen inneren geistig-geistlichen Anschub, den man nicht organisatorisch in die Hand nehmen kann.«*

Frage: *»Hat das zweite Vatikanische Konzil etwas falsch gemacht? Seit dem Konzil ging es zahlenmäßig bergab.«*

Canisius: *»Das Konzil hat theologische Fehler korrigiert, zum Beispiel die Ansicht über die nichtkatholischen Christen, die Protestanten, über die Juden, über die Nichtchristen. Es hat auch gesehen, wie die heutigen Menschen den Gottesdienst besser, fruchtbarer mitfeiern können. Das Konzil hat gute Weichen gestellt. Aber den eigentlichen Glauben der Menschen kann man auch nicht in einer Kirchenversammlung organisieren. Er muss wachsen, er muss von Glaubenden auf andere überspringen. Ich habe versucht, so zu predigen und zu lehren, dass die Menschen wieder begannen zu glauben.«*

Frage: *»Geht es also gar nicht so sehr um die Kirche, sondern um den Glauben?«*

Canisius: *»Ja – es gibt in eurer Zeit keine Kirchenkrise, sondern eine Glaubenskrise und daher auch eine Kulturkrise. Vielleicht wandert das Christentum ja nach Ostasien. In China wächst die Zahl der Christen ungeheuer. Zehn Prozent der Chinesen nennen sich Christen. Christus ist für sie attraktiv.«*

Das Allgemeine Gebet von Petrus Canisius:
Allmächtiger, ewiger Gott, Herr, himmlischer Vater!
Sieh an mit den Augen Deiner grundlosen Barmherzigkeit
unsern Jammer, Elend und Not.
Erbarme Dich über alle Christgläubigen,
für welche Dein eingeborener Sohn,

unser lieber Herr und Heiland, Jesus Christus,
in die Hände der Sünder freiwillig gekommen ist
und sein kostbares Blut
am Stamme des heiligen Kreuzes vergossen hat.
Durch diesen Herrn Jesus wende ab,
gnädigster Vater, die wohlverdienten Strafen,
gegenwärtige und zukünftige Gefahren,
schädliche Empörungen, Kriegsrüstungen,
Teuerung, Krankheiten, betrübte, armselige Zeiten.
Erleuchte auch und stärke in allem Guten
geistliche und weltliche Vorsteher und Regenten,
damit sie alles befördern,
was zu Deiner göttlichen Ehre, zu unserem Heile,
zum allgemeinen Frieden
und zur Wohlfahrt der ganzen Christenheit gedeihen mag.
Verleihe uns, o Gott des Friedens,
eine rechte Vereinigung im Glauben,
ohne alle Spaltung und Trennung;
bekehre unsere Herzen zur wahren Buße
und Besserung unseres Lebens;
zünde an in uns das Feuer Deiner Liebe;
gib uns einen Hunger und Eifer zu aller Gerechtigkeit,
damit wir als gehorsame Kinder im Leben und Sterben
Dir angenehm und wohlgefällig seien.
Wir bitten auch, wie Du willst, o Gott,
dass wir bitten sollen, für unsere Freunde und Feinde,
für Gesunde und Kranke, für alle betrübten und elenden
    Christen,
für Lebende und Verstorbene.

Dir, o Herr, sei empfohlen all unser Tun und Lassen,
unser Handel und Wandel, unser Leben und Sterben.
Lass uns Deine Gnade hier genießen
und dort mit allen Auserwählten erlangen,
dass wir in ewiger Freude und Seligkeit Dich loben,
ehren und preisen mögen!
Das verleihe uns, o Herr, himmlischer Vater!
Durch Jesus Christus, Deinen lieben Sohn,
welcher mit Dir und dem Heiligen Geiste
als gleicher Gott lebt und regiert von Ewigkeit zu Ewigkeit.[50]

....

Adresse: Engelsburg, Castel Sant`Angelo – Lungotevere Castello

25.
SAN ONOFRIO
Eine Einsiedelei auf dem Gianicolo-Hügel

Kaum zu glauben: In Rom gab es auch eine Einsiedelei. In dem wirbeligen, lauten, oft auch ungepflegten Sitz der Päpste war außerhalb der Altstadt am Abhang des Gianicolo-Hügels ein Ort für betende Mönche! Es ist für mich ein himmlischer Ort, nicht weit von meinem römischen Wohnplatz.

Ich lade Sie ein. Kommen Sie mit von der Porta Santo Spirito und dem Ospedale Santo Spirito eine steile schmale Straße hinauf, und dann stehen wir auf dem Vorplatz eines Klosters.

Der seltsame Name »San Onofrio« kommt von dem syrischen Mönch Onuphrius, der von 320 bis 400 in den Wüsten Ägyptens und Kappadokiens gebetet und gefastet hat. Er stammte aus einer angesehenen, vielleicht fürstlichen Familie und soll nach der Legende von seinem Vater verstoßen worden sein. Als ein anderer Mönch, Paphnutius mit Namen, ihn besuchte, soll er erschrocken sein über die wilde Gestalt des büßenden Mönchs Onuphrius. Sie redeten bis zum Abend über frommes Leben, als sich wundersamerweise vor der Einsiedlerklause Brot und Wasser einfanden. Beide verbrachten die Nacht im Gebet; am nächsten Morgen segnete Onuphrius seinen Gast und verstarb.

Wir werfen nur einen kurzen Blick in die schöne, heimelige Kirche mit Apsismosaik und in den Kreuzgang mit unzähligen verwitterten Fresken.

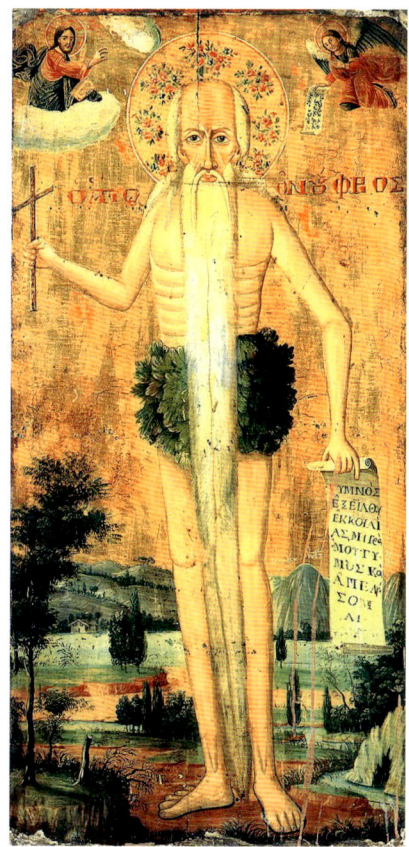

Ikone des Heiligen Onuphrius

Aber ich erlaube mir, dem betenden und fastenden Mönch Onuphrius meine Bitten vorzutragen. Ich ahne, dass er hier über dem von Motorlärm und Auspuffgas erfüllten Rom heute noch haust:

»Lieber Bruder Onuphrius, du scheinst mir heute noch hier zu beten und zu fasten. Aber rund um dich wird gegessen, getrunken, gesungen, getanzt, gefeiert und geflirtet. Was

denkst du über die römischen Christen? Liebst du sie nur oder bist du über sie besorgt? Freust du dich mit ihnen, weil sie sich wie Erlöste geben oder ärgerst du dich, dass sie von deinem Jesus Christus fast nichts mehr wissen? Fastest du immer noch, damit auch sie in den Himmel kommen?

Lieber Onuphrius, ich würde auch gerne von dir wissen, was du über die Kardinäle, Bischöfe, Priester, Ordensmänner und Ordensfrauen denkst, die sich hier in Rom auf den Straßen zeigen. Sind sie zu eitel, zu selbstsicher, zu sehr mit sich selbst beschäftigt, hängen sie zu sehr an ihren Posten und ihrer Sicherheit? Aber du siehst ja auch vom Himmel aus in ihre Klausen. Beten sie dort, fasten sie, büßen sie?

Du weißt ja, lieber Onuphrius, dass die Säkularisierung in Europa den Glauben an Gott und Jesus Christus fast zum Ersticken gebracht hat. Leidest du mit den Europäern, dass sie nicht mehr nach Gott fragen, dass sie Jesus am Kreuz kaum mehr kennen? Betest du, dass sie Jesus Christus wiederfinden? – Bitte heiliger Onuphrius, bete für uns alle!«

Und nach diesen Fragen an Onofrio schauen wir uns noch ein wenig in der Kirche um und sehen einen Stein an der Wand mit dem berühmten Namen »Torquato Tasso«. Dieser geistig labile, vermutlich schizophrene Poet kam 1595 zum Kloster, um hier zu genesen oder zu sterben. Auf Anordnung der Päpste wurde er hier begraben. Goethe war auf seiner Italienreise auch hier und hat ein Drama über Torquato geschrieben. Wie schön, dass hier Gebet und Dichtung beieinander wohnen!

Der US-amerikanische Trappisten-Mönch Thomas Merton, der 1968 gestorben ist, war ein Mystiker. Für ihn war Gott einer, der immer bei den Menschen ist, aber sich immer auch entzieht. Er sagte es so:

»Gott naht sich uns,
indem er uns entschwindet.
Wir lernen ihn nie ganz kennen,
wenn wir ihn uns als Beute vorstellen,
die wir in das Gehege
unserer eigenen Vorstellungen einzäunen können.
Wir wissen mehr von ihm, wenn wir ihn losgelassen haben.
Der Herr fährt in allen Richtungen zugleich dahin.
Der Herr kommt aus allen Richtungen zugleich auf uns zu.
Wo wir auch sein mögen, es wird uns klar,
dass Gott gerade von dort geschieden ist.
Wohin immer wir gehen, wir entdecken,
dass er gerade vor uns angekommen ist.« [51]

Adresse: Chiesa di San Onofrio: Piazza di Sant'Onofrio, 2

26.
CAMPO SANTO TEUTONICO
Der deutsche Friedhof im Vatikan

Gehen wir heute in den Schatten des Petersdoms, grüßen links von der Fassade beim Eingang die Schweizer Gardisten, die aufpassen, dass hier nur hereingeht, wer dazu Erlaubnis hat. Die allermeisten Rombesucher kennen den deutschen Friedhof im Schatten des Petersdoms nicht. Er ist ein »Mysterium der Deutschsprachigen«.

Warum haben gerade sie hier einen Friedhof? Genau genommen sind es nämlich nicht nur die Deutschen, sondern auch die Österreicher, Schweizer, Südtiroler und die Flamen.

Für die meisten »Volksgruppen« des alten römischen Reiches gab es in der Stadt der Apostelgräber eigene Kirchen, Hospitäler und Friedhöfe. Ich pflege scherzhaft zu sagen: Wenn Pilger nach Rom kamen, waren sie entweder krank oder kurz vor dem Sterben. Man brauchte also Hospitäler und Friedhöfe.

Auf dem »Campo Santo Teutonico« liegen viele bedeutende Persönlichkeiten begraben. Für den großen Kirchenhistoriker Hubert Jedin gibt es hier aber nur eine Gedenktafel, denn er lebte hier als Kaplan. Gestorben ist er 1980. Er hat eine mehrbändige Geschichte des Trienter Konzils geschrieben. Mit ihm würde ich gerne über das Verhältnis zwischen den Deutschsprachigen und dem Vatikan nachdenken. Und ich erfinde dazu eine Plauderei.

Campo Santo Teutonico

Frage: »Lieber Herr Professor Jedin, stimmt meine Ansicht, dass das Verhältnis zwischen den Katholiken nördlich der Alpen und dem Vatikan sehr oft gespannt war, manchmal sehr kritisch, immer aber von besonderer Qualität?«

Jedin: »Ja – ich glaube, die »Germanen«, so nenne ich die Menschen des deutschen Sprachraums, haben ein ganz spezielles Verhältnis zu den Päpsten und dem Vatikan. Es unterscheidet sich von dem Verhältnis, das die Franzosen, Engländer, Iren, Spanier, Polen gegenüber dem Vatikan haben. Vereinfacht kann man sagen: Das Verhältnis zwischen Germanen und dem Vatikan schwankt zwischen Bewunderung der Päpste und Kritik an ihnen. Es ist selten ausgeglichen, sondern oft spannungsreich, in Zuneigung und Ablehnung.«

Frage: »Woran liegt das? Hat das mit Mentalität zu tun oder hauptsächlich mit Theologie?«

Jedin: »Die Mentalität spielt schon eine große Rolle. Der Vatikan wird ja doch sehr stark von Italienern bestimmt. Die Päpste waren durch Jahrhunderte Italiener. Und Italiener sind zwar temperamentvoll, aber in Grundsatzfragen gelassener. Germanen sind weniger temperamentvoll, aber pingeliger in Fragen der Theologie und Verwaltung, man kann auch sagen: anspruchsvoller.«

Frage: »Heute sagen ja manche: ›Die Deutschen lieben die Italiener, aber bewundern sie nicht. Die Italiener bewundern die Deutschen, aber lieben sie nicht.‹ «

Jedin: »Ja – da ist schon was dran. Aber ich warne vor Vereinfachungen. Man kann auf jeden Fall sagen: Die deutschsprachigen Katholiken hat es wohl immer schon in besonderer Weise nach Rom gezogen. Es hat sie auch in das sonnige Italien gezogen. Sie waren stolz darauf, Italienisch zu lernen. Die Franzosen im Unterschied zu den Deutschen haben ihre Côte d'Azur und brauchen daher keine italienische Sonne. Franzosen sind wohl viel selbstbewusster als Deutschsprachige. Wenn der Papst etwas erklärt, was sie nicht annehmen wollen oder können, lassen die Franzosen es eher links liegen. Deutsche Katholiken gehen an die Decke, wenn sie vom Papst etwas hören, was sie für falsch halten.«

Frage: »Kann man sagen, dass die Deutschen die Autorität suchen, dass sie eine Autorität brauchen, um sich daran festzuhalten, dass Franzosen und Engländer viel selbstbewusster sind und sich weniger an einer Autorität festhalten wollen?«

Jedin: »Ich bin kein Psychologe, aber ich kann mir schon vorstellen, dass an diesen Gedanken etwas richtig ist.«

Frage: »Die Aufklärung kam ja vor allem aus Frankreich, England und Deutschland. Der Norden Europas ist kirchenferner und glaubensferner als der Süden, als Italien, Spanien und Portugal. Woran liegt das? Kann man sagen, dass es eine »große«

geistige Zeit des Südens gab und später eine »große« Zeit des Nordens? Man denke an Dante, Leonardo da Vinci, Galilei. Ist dann der Weltgeist nach Norden gewandert, wo die aufklärerischen Vordenker waren: Voltaire, Hume, Kant?«

Jedin: *»Das ist wohl so. Man denke auch daran, dass die Reformation von Deutschland ihren Ausgang nahm. Die Hälfte der Deutschen wandte sich vom Papsttum ab. Die andere Hälfte musste sich entscheiden, ob sie zum Papst steht oder zu Martin Luther. Das förderte bei den Katholiken eine besondere theologische Rom-Treue und emotionale Rom-Anhänglichkeit. Daher kam dann auch der Anstoß zur Ökumene aus dem deutschen Sprachraum.«*

Frage: *»Was sagen Sie zu dem deutschen Papst Benedikt XVI.? War er beides: Deutscher Theologe und italienischer Vatikanmann?«*

Jedin: *»Man sieht an Papst Benedikt, dass man durchaus papsttreu und gleichzeitig ein guter deutscher Theologe sein kann. Man sieht das aber auch an vielen anderen deutschsprachigen Theologen. Man denke an die Kardinäle Kasper, König, Lehmann, Schönborn. Sie waren bzw. sind in ihrem Herzen und Verstand deutschsprachige Theologen und auch ganz Rom-treu.«*

Wir bedanken uns bei Professor Hubert Jedin.

Und nun finden wir hier auf dem Boden des Campo Santo eine Steinplatte, worauf Namen von vielen Ordensfrauen stehen, die hier im Vatikan ihren Dienst getan haben. Und da ist auch der Name von Schwester Pasqualina. Ich muss sie Ihnen vorstellen. Schwester Pasqualina war eine »besondere Nummer«. Sie stammt aus dem bayrischen Ebersberg und war eine Kreuzschwester. Berühmt wurde sie als Hausfrau des päpstlichen Nuntius Eugenio Pacelli in München und Berlin. So empfing sie an der Haustüre und kochte unter anderem etwa für Gustav Stresemann und Paul von Hindenburg. Als Pacelli der Chef des vatikanischen Staatssekretariates wurde, musste Pasaqualina mit ihm nach Rom übersiedeln. Hier wurde sie im päpstlichen Haushalt die Nummer zwei nach dem Papst, wurde das Zentrum des Managements. Sie war aber nicht nur unentbehrlich für das Kirchenoberhaupt, sondern für die Hilfslieferungen an Tausende von Naziopfern. Sie organisierte Lebensmittelhilfe in Rom und Hilfstransporte für Hungernde in viele Länder Europas. Sie war auch Zentrum des Radio-Vatikan-Suchdienstes für Vertriebene und Flüchtlinge, als am Kriegsende Millionen Menschen in Europa neue Heimat suchten. Gegen Lebensende des Papstes soll sie sogar entschieden haben, wen der Papst noch sehen durfte. Und über ihren Grabstein wandern nun Kundige, die den Campo Santo visitieren.

Neben dem Friedhof liegen auch eine Kirche und ein Kolleg für Priester, die in Rom studieren oder am Vatikan Dienst tun. Das Ganze gehört der Erzbruderschaft zur Schmerzhaften Muttergottes der Deutschen und Flamen, die 1454 gegründet wurde. Zu den Aufgaben der Erzbruderschaft gehört es, die Feier des deutschsprachigen Gottesdienstes zu gewährleisten, das christliche Totengedächtnis zu pflegen und sich gegenseitig und den Pilgern geistig und materiell beizustehen.[52]

An diesem paradiesisch wirkenden Ort beten wir den Sonnengesang des hl. Franziskus
»Höchster, allmächtiger, guter Herr,
    dein sind der Lobpreis, die Herrlichkeit und Ehre
    und jeglicher Segen.
    Dir allein, Höchster, gebühren sie,
    und kein Mensch ist würdig, dich zu nennen.

Gelobt seist du, mein Herr,
   mit allen deinen Geschöpfen,
   zumal dem Herrn Bruder Sonne;
   er ist der Tag, und du spendest uns das Licht durch ihn.
   Und schön ist er und strahlend in großem Glanz,
   dein Sinnbild, o Höchster.
Gelobt seist du, mein Herr,
   durch Schwester Mond und die Sterne;
   am Himmel hast du sie gebildet,
   hell leuchtend und kostbar und schön.
Gelobt seist du, mein Herr,
   durch Bruder Wind und durch Luft und Wolken
   und heiteren Himmel und jegliches Wetter,
   durch das du deinen Geschöpfen den Unterhalt gibst.
Gelobt seist du, mein Herr,
   durch Schwester Wasser,
   gar nützlich ist es und demütig und kostbar und keusch.
Gelobt seist du, mein Herr,
   durch Bruder Feuer,
   durch das du die Nacht erleuchtest;
   und schön ist es und liebenswürdig und kraftvoll und stark.
Gelobt seist du, mein Herr,
   durch unsere Schwester, Mutter Erde,
   die uns ernährt und lenkt
   und vielfältige Früchte hervorbringt
   und bunte Blumen und Kräuter.
Gelobt seist du, mein Herr,
   durch jene, die verzeihen um deiner Liebe willen
   und Krankheit ertragen und Drangsal.
   Selig jene, die solches ertragen in Frieden,
   denn von dir, Höchster, werden sie gekrönt werden.

Gelobt seist du, mein Herr,
> durch unsere Schwester, den leiblichen Tod;
> ihm kann kein Mensch lebend entrinnen.
> Wehe jenen, die in schwerer Sünde sterben.
> Selig jene, die sich in deinem heiligsten Willen finden,
> denn der zweite Tod wird ihnen kein Leid antun.

Lobt und preist meinen Herrn
> und sagt ihm Dank und dient ihm mit großer Demut.«[53]

Verfasst wurde der Sonnengesang 1224/25, als Franziskus in San Damiano krank in seiner Hütte lag.

....

Adresse: Campo Santo Teutonico, Via della Sagrestia,
00120 Città del Vaticano

Wer auf dem Petersplatz steht, muss links von der Fassade des Domes durch eine Kontrolle unter den Arkaden, dann an der Schweizer Garde vorbei, dann rund 100 Meter und bei weiteren Wachen ist links der Eingang zum Campo Santo Teutonico.

27.
»SALUS POPULI ROMANI«
Betende Päpste

Eine der vier römischen »Hauptkirchen« ist die Basilika »Santa Maria Maggiore«. Auf Deutsch könnte man sagen: Groß-Sankt-Marien. In ihr wollen wir uns vor allem mit einem Marienbild in einer linken Seitenkapelle befassen. Das Marienbild wird genannt »Salus populi romani« – auf Deutsch: Heil des römischen Volkes.

Vor diesem Bild betet Papst Franziskus regelmäßig, wenn er von einer internationalen Reise nach Rom zurückkehrt. Hierher kam er auch gleich nach seiner Wahl zum Papst. Das Bild wird besonders von Jesuiten verehrt, und Kopien davon wurden zur Barockzeit von vielen Jesuiten verbreitet.

Die »Salus populi romani« ist die historisch bedeutendste Mariendarstellung Roms. Das Bild ist der Sage nach vom Evangelisten Lukas gemalt, der Maria noch gekannt haben soll. Auf dem Bild hält das Jesuskind ein Buch in seiner linken Hand und segnet mit der Rechten. Maria trägt das Kind eng bei sich und bietet es weniger dem Betrachter dar als in anderen Marienbildern. Das Gemälde kann in seiner ursprünglichen Form in die Spätantike datiert werden. Es wurde schon im 8. Jahrhundert verehrt. Die Ikone war das bevorzugte Marienbild mehrerer Päpste. 593 ließ Papst Gregor der Große das Gemälde durch Rom tragen, um für das Ende der Pest zu beten. 1571 betete Papst Pius V. vor der Ikone um den Sieg bei der Schlacht von Lepanto gegen das türkische Heer. 1837 betete Papst Gregor XVI. vor der Ikone für das Ende der Choleraepidemie. Eine

Marienikone »Salus populi romani«

Kopie der Ikone übergab Johannes Paul II. der Jugend der Welt zum ersten Weltjugendtag im Jahr 1984. Sie begleitet seither das Weltjugendtagskreuz. Als Franziskus Ende März 2020 auf dem menschenleeren Petersplatz für ein Ende der Pandemie betete, war die Ikone von ihrem angestammten Platz nach St. Peter gebracht worden.[54]

Eine Kopie des römischen Marienbildes kam durch die Jesuiten in eines ihrer ersten Zentren jenseits der Alpen nach Ingolstadt. Es wurde seit 1604 besonders verehrt, denn der Jesuit Jakob Rem erfuhr im Gebet, dass der Gottesmutter der Titel »Wunderbare Mutter« besonders gefalle. Daher wurde in der Litanei die Anrufung »Wunderbare Mutter« immer dreimal wiederholt. Die Verehrung der »Mater ter admirabilis« breitete sich durch die Marianischen Kongregationen weiter aus. Eine Kopie des Bildes befindet sich auch in dem Jesuiteninternat in St. Blasien im Schwarzwald. Seit 1915 wird Maria auch in der Schönstattbewegung als »Mater Ter Admirabilis« verehrt.

Gebet: »Wir wollen beten! Du Mutter unseres Herrn Jesus Christus. Dein Sohn Jesus hat dich auch **uns** zur Mutter gegeben. Millionen von Christen haben im Lauf der Jahrhunderte durch das Gebet zu Dir Hilfe gefunden. Du hast unsere Bitten an Deinen Sohn weitergeleitet. Du warst uns die himmlische Mutter, hast uns getröstet und hast uns zu Jesus hingeführt.

Heute ist die Zuwendung zu Dir, das Gebet zu Dir in Mitteleuropa nicht mehr so verbreitet. Viele Getaufte haben kaum ein Verhältnis zu Dir. Freilich finden auch heute noch unzählige Gläubige Trost und Hilfe an Deinen Wallfahrtsorten. Wir denken an Lourdes, Fatima, Altötting. Wir bitten dich: Schenke den modernen Christen neu das Vertrauen zu Dir. Vermittle uns die Gnade, dich als unsere Mutter neu zu entdecken. Lass uns nicht vergessen, wie hart dein Leben mit Jesus gewesen ist. Du hast ihn oft nicht verstanden, bist ihm aber treu geblieben. Du warst wohl enttäuscht über die Treulosigkeit seiner Jünger, über ihr Versagen. Du hast gespürt, dass er durch die Konfrontation mit den Hohepriestern auf seine Hinrichtung, seinen Tod zuläuft. Du bliebst in seiner Nähe, auch als es für dich ebenso wie ihn gefährlich wurde. Du bist ihm wohl gefolgt, als er im Garten Getsemani Blut geschwitzt hat, bist ihm nachgegangen, als er das Kreuz schleppte, Du hast gehört, wie er vor Schmerzen am Kreuz schrie. Du hörst, wie er rief: »Mein Gott, mein Gott, warum hast Du mich verlassen?« Du sahst, wie er durchhielt bis zu seinem letzten Atemzug. Du bliebst bei ihm, hast ihn nicht verlassen, ihn nicht verraten. Du bist die Treue. Du bist auch zu uns treu. Lehre uns neu, dich zu suchen, bei dir zu bleiben, dich um alles zu bitten, was uns am Herzen liegt. Wir danken dir für deine Nähe.«

Zum Schluss singen wir das »Salve, Regina«
»Salve, Regina, mater misericordiae,
vita, dulcedo, et spes nostra, salve.
Ad te clamamus exsules filii Evae.
Ad te suspiramus,
gementes et flentes in hac lacrimarum valle.
Eia, ergo, advocata nostra,
illos tuos misericordes oculos ad nos converte.
　　Et Jesum, benedictum fructum ventris tui,
nobis post hoc exsilium ostende.
O clemens, o pia, o dulcis Virgo Maria. Amen.«

Adresse: Basilika Santa Maria Maggiore, Piazza Santa Maria Maggiore, 0018* Roma

28.
PHILIPP NERI
Schwebender Heiliger

Rom ist reich an exotischen Figuren. Deutsche Katholiken haben oft eine falsche Vorstellung von Rom und dem Vatikan, als ob dort alles nach Recht und Ordnung zuginge. Das Gegenteil ist oft der Fall. Zu den Exoten Roms gehört der Heilige Philipp Neri. Wir besuchen ihn in »seiner« Kirche, der »Chiesa Nuova«. Einige seiner exotischen Seiten: Er wusste mehrfach ein paar Tage vor der Wahl eines neuen Papstes, welcher Kardinal aus der Wahl als Papst hervorgehen würde. Er betete so inbrünstig, dass sich sein Herz erweiterte und einige Rippen zerbrachen. Er wurde im Gebet in die Höhe gehoben, sodass er Ministranten bat, ihn festzuhalten und am Schweben zu hindern. Auf seine Praxis gehen die »Siebenkirchenwallfahrten« zurück. Das ist ein frommer, langer Marsch zu den sieben Hauptkirchen Roms, den bis heute Pilger gehen. Und natürlich wollte man ihn zum Kardinal machen. Philipp Neri schlug das selbstverständlich aus. Auch rang er mit dem Gründer der Jesuiten, mit dem Heiligen Ignatius von Loyola, ob er Jesuit werden sollte. Philipp Neri entschied sich für seinen eigenen, ihm typischen Weg.

Hier kurz seine Daten: Er war Florentiner, geboren 1515, gestorben in Rom 1595, schon 1622 heiliggesprochen zusammen mit Ignatius von Loyola, Franz Xaver, Theresia von Avila und Isidor von Madrid. Die Römer spotteten: »Vier Spanier und ein Heiliger wurden zur Ehre der Altäre erhoben«.

Philippus Neri, Porträt von Giuseppe Nogari in der
Sakristei der Frari-Kirche in Venedig

Aber der Heilige war auch äußerst sozial. Eigentlich war er nach Rom gekommen, um hier zu studieren, brach sein Studium ab und ging total in der Arbeit für römische Bettler und die unzähligen Pilger auf, die krank und ohne Unterkunft in Rom herumlungerten. Er gründete für sie eine Bruderschaft. Später dann wollte er unbedingt als Missionar nach Indien. Doch sein Beichtvater sagte ihm »Dein Indien ist Rom«. Aber seine Spezialität war eigentlich das gemeinsame Gebet zusammen mit anderen. Sie gründeten das »Oratorium«, aus dem sich die Gemeinschaft der Oratorianer entwickelte. Goethe nennt ihn in seiner »Römischen Reise« seinen Lieblingsheiligen. Die Römer nennen ihn »Pippo buono«.

Ich trage ihm als guten Römer meine germanischen Bitten an Rom vor:

»Lieber Pippo buono, du weißt, dass viele Christen nördlich der Alpen Probleme haben mit Rom, gemeint ist damit der Vatikan, oder noch genauer mit den Päpsten, ihren Theologen und ihren Verwaltern. Kannst du mal bitte vermitteln? Du giltst ja bei deinen Kennern als ein lustiger, umgänglicher, fröhlicher Christ.

Du weißt, dass die Nordlichter und die Südländer unterschiedlich denken und fühlen. Die Nordlichter kommen zwar mit großer Begeisterung an italienische Strände, schätzen italienisches Essen, lieben die Leichtigkeit der Italiener, das »dolce far niente«. Nordlichter haben den Eindruck, bei den Italienern gehe es immer locker und leicht zu, man nehme alles nicht so bitterernst wie im Norden. Daher hätte man in Italien auch die Ablässe nicht so ernst genommen wie Martin Luther. Er und seine Landsleute fanden es unmöglich, dass man durch Finanzierung der Peterskirche seine Sünden loswerde und in den Himmel komme. Dann kamen andere Kritiken Roms und des Vatikans dazu. Und schließlich kam es zum Bruch. Das hat wohl auch Gründe in der verschiedenen Mentalität. Nördliche Kenner sagen: »Die Deutschen lieben die Italiener, aber bewundern sie nicht, die Italiener bewundern die Deutschen, aber lieben sie nicht«.

Lieber Philipp Neri, kannst du uns helfen, Brücken zu schlagen, dass wir deutsche Christen nicht immer gleich vatikanischen Rigorismus vermuten, wenn wir eine Weisung aus Rom nicht verstehen? Kannst du dem italienisch geprägten Vatikan nicht helfen, dass er deutsche Theologen nicht immer skeptisch anschaut? Du weißt ja, dass die Aufklärung in Frankreich und Deutschland begonnen hat, dass Italien ein wenig hinterherhinkte und dass deutschsprachige Professoren der Dogmatik und Exegese das Zweite Vatikanische Konzil wesentlich geprägt haben. Heiliger Philipp Neri, du bist eigentlich der richtige Mann, die Spannun-

gen abzubauen zwischen den Christen im Norden und im Süden. Hilf, dass wir nicht skeptisch aufeinander schauen, sondern verständnisvoll und liebevoll. Spann du den Regenbogen der Versöhnung zwischen dem Vatikan und den deutschen theologischen Denkern. Danke fürs Zuhören.«

Das klassische Gebet zum Heiligen Philipp Neri:
»Heiliger Philipp Neri, wir schauen auf dich
und lobpreisen Gott für deinen Humor.
Im Vertrauen auf deine Fürbitte rufen wir zu dir:
Lass uns zusammen mit dir immer wieder lachen über
　menschliche Eitelkeit, über falschen Ehrgeiz und Stolz –
　besonders bei uns selber!
Lass uns vielmehr suchen, was echt, schlicht und
　bescheiden ist,
damit uns wahre Demut bereitmachen kann,
einzig aus Liebe und für die Liebe zu leben!
Lass uns wie du, alles Gute und Schöne, alles Kunstvolle
　und Liebenswürdige erkennen und anerkennen,
　annehmen und einsetzen für den Aufbau des Reiches
　Gottes!
Wir danken für deine Güte und Geduld bei aller
　Nüchternheit, für den Mut, gegen den Strom zu
　schwimmen, nicht verstanden, ja ausgelacht zu werden.
Zusammen mit dir wollen wir immer wieder die von Gott
　erfüllte Einsamkeit suchen, damit wir der Einheit und
　Erneuerung in Kirche und Welt fröhlich und wirksam
　dienen können. Amen.[55]

Adresse: Chiesa Nuova, Via del Governo Vecchio 134, 00186 Roma

29.
TERESA VON AVILA
*Mystikerin auf
dem Ochsenkarren*

Heute gehen wir zu einem der größten Kunstwerke Roms, der »Verzückung der heiligen Teresa von Avila«, entstanden zwischen 1646 und 1652. Der Bildhauer und Architekt Gian-Lorenzo Bernini hat hier wohl seine beste Skulptur geschaffen und damit Rom in der Kirche Santa Maria della Vittoria beschenkt. Die Kirche liegt nicht weit entfernt von der Stazione Termini.

Die große Frau war ein psychisches Mysterium. Die vielleicht bedeutendste Mystikerin der Christenheit hatte jüdische Wurzeln. Ihre Familie war erst kurz vorher zum Christentum übergetreten. Ursache dafür war die Judenverfolgung im 16. Jahrhundert in Spanien. Teresa trat gegen den Willen ihres Vaters im Jahr 1535 mit zwanzig Jahren in den Karmel ein. Vielleicht war ihr nur die Situation einer ledigen Frau unsympathisch, vielleicht hatte sie bloß Angst vor der Hölle. Im Jahr darauf wurde sie schwer krank. Manche Fachleute meinen, es könnte Epilepsie oder einfach Depression gewesen sein. Einmal war sie drei Tage lang gelähmt, man hielt sie für tot und hob ein Grab aus. Doch sie war nicht tot, sondern gelähmt. Und dies drei Jahre lang! Als sie sich wieder bewegen konnte, geriet sie in eine religiöse Krise und gab das gewohnte innere Gebet ganz auf. Sie hielt sich für unwürdig, betend »beim Herrn zu sein«. Als sie aber wieder gesund war, sprach sie oft stundenlang

Die Verzückung der heiligen Theresa von Avila, geschaffen von Gian Lorenzo Bernini

mit Gästen des Klosters im Gästeraum. Da sie temperamentvoll und schwungvoll war, wollten viele mit ihr sprechen. Oft war es sehr oberflächlich. Teresa war schließlich in dieser Lage todunglücklich. Doch unerwartet kam ein Durchbruch: Vor der Statue Christi als Schmerzensmann machte sie überraschend eine tiefe innere Erfahrung seiner Liebe. Mit einem Schlag war sie wie ausgetauscht und frei. Sie sprach von einem »neuen Leben«. Es kamen Visionen dazu. Kluge Ratgeber halfen ihr, das Phänomen zu interpretieren. Und plötzlich hatte sie den Wunsch, zur ursprünglichen Strenge des Karmel zurückzukommen. Mit bischöflicher Erlaubnis startete sie in Avila ein strenges Kloster der »Unbeschuhten Karmelitinnen«. Zusammen mit dem heiligen Johannes vom Kreuz gründete Teresa weitere 16 Klöster. Es ging ihr hier um die geschwisterliche Liebe und die Freundschaft mit Gott in der Freiheit von sich selbst.

Für diese Gründungen musste sie oft tagelang auf Ochsenkarren nur mit einem Strohhut auf dem Kopf in glühender Hitze über holprigen Straßen durch die Lande fahren. Es war eine Tortur. So wurde Spanien vom Kopf auf die Füße gestellt.

Der Name der Kirche »Santa Maria della Vittoria«, wo wir sie besuchen, aber hatte nichts mit ihrem Sieg über sich selbst und die Widrigkeiten der Welt zu tun. Ihr Name erinnert vielmehr an eine Schlacht, die uns heute eher befremdet: den Sieg der Katholiken 1620 am »Weißen Berg« in der Nähe von Prag über die Protestanten.

Hier nun ein paar Perlen aus ihren Schriften:
»Menschen, die sich entschlossen haben, diesen Weg zu gehen, müssen vor allem am Anfang mit großen Strapazen rechnen. Am Anfang ist die Anstrengung nämlich viel größer, da wir selbst tätig werden müssen, wenngleich Gott uns zu Hilfe kommt. (…) Wenn es ihnen nichts ausmacht, ob sie nun etwas oder gar nichts beim Gebet spüren, sind sie einen Großteil des Weges bereits vorangekommen. Sie brauchen keine Angst zu haben zurückzufallen, selbst wenn sie stolpern, denn ihr Gebäude ruht auf festem Fundament.

Fast 28 Jahre war es ein ständiges Fallen und Wiederaufstehen, es war kein gutes Aufstehen, da ich immer wieder fiel, denn weder erfreute ich mich an Gott, noch fand ich in diesen Kontakten zur Welt meine innere Ruhe.«

»Da geschah es, als ich eines Tages ins Oratorium ging, dass mein Blick auf ein Bild fiel. Es stellte Christus als Schmerzensmann, mit vielen Wunden bedeckt, dar. Ich war bestürzt, den Herrn so geschunden zu sehen, denn hier war lebendig zum Ausdruck gebracht, was er für uns gelitten hat. Mein Schmerz war so unermesslich, dass er mir das Herz zu zerreißen schien.

Ich warf mich vor ihm nieder, und unter zahlreichen Tränen bat ich ihn, mir doch endlich die Kraft zu geben, ihn nicht mehr zu beleidigen.«[56]

Eines Tages hatte sie eine besondere Vision.
»Ich sah einen Engel neben mir, an meiner linken Seite, und zwar in leiblicher Gestalt, was ich sonst kaum einmal sehe. Er war nicht groß, eher klein, sehr schön, mit einem so leuchtenden Antlitz, dass er allem Anschein nach zu den ganz erhabenen Engeln gehörte, die so aussehen, als stünden sie ganz in Flammen. Es müssen wohl die sein, die man Cherubim nennt, ihre Namen sagen sie mir nämlich nicht. Ich sah in seinen Händen einen langen goldenen Pfeil, an dessen Spitze mir ein Feuer zu brennen schien. Mir war, als durchbohre er mit diesem Pfeil einige Male mein Herz bis ins Innerste, und als er ihn wieder herauszog, war es mir, als risse er mein innerstes Herz mit heraus. Als er mich verließ, war ich ganz entzündet von brennender Liebe zu Gott.

Denn, auch wenn euch der Gehorsam viele äußere Verpflichtungen auferlegt, etwa in der Küche, so wisset: auch zwischen den Kochtöpfen wandelt der Herr.

Hätte ich früher erkannt, was ich jetzt weiß, dass der winzige Palast meiner Seele einen so großen König beherbergt, dann hätte ich ihn nicht so häufig darin allein gelassen.

Sie dürfen mir glauben, dass ich eine unzufriedene Nonne mehr fürchte als viele Dämonen!

Wir sind keine Engel, sondern wir haben einen Leib. Es ist Unsinn, uns selbst zu Engeln machen zu wollen, solange wir auf der Erde leben und so tief in ihr stecken wie ich. Vielmehr braucht das Denken im täglichen Leben, was ihm Halt gibt.

Meiner Meinung nach ist inneres Beten nichts anderes als ein Gespräch mit einem Freund, mit dem wir oft und gern allein zusammenkommen, um mit ihm zu reden, weil wir sicher sind, dass er uns liebt (…) Ich habe dies klar erkannt.

Nichts soll dich ängstigen, nichts dich erschrecken. Alles vergeht – Gott ändert sich nicht. Geduld erreicht alles. Wer Gott besitzt, dem mangelt nichts. Gott allein genügt.«[57]

»Herr, du weißt, dass ich altere und bald alt sein werde. Bewahre mich davor, schwatzhaft zu werden und besonders vor der fatalen Gewohnheit, bei jeder Gelegenheit und über jedes Thema mitreden zu wollen. Befreie mich von der Einbildung, ich müsse anderer Leute Angelegenheiten in Ordnung bringen. Bei meinem ungeheuren Schatz an Erfahrungen und Weisheit ist's freilich ein Jammer, nicht jedermann daran teilnehmen zu lassen.

Du weißt, Herr, am Ende brauche ich ein paar Freunde. Ich wage nicht, dich um die Fähigkeit zu bitten, die Klagen meiner Mitmenschen über ihre Leiden mit nie versagender Teilnahme anzuhören. Hilf mir nur, sie mit Geduld zu ertragen, und versiegle meinen Mund, wenn es sich um meine eigenen Kümmernisse und Gebrechen handelt. Sie nehmen zu mit den Jahren, und meine Neigung, sie aufzuzählen, wächst mit ihnen.

Schenke mir die wichtige Einsicht, dass ich mich gelegentlich irren kann.

Hilf mir, einigermaßen milde zu bleiben. Ich habe nicht den Ehrgeiz, eine Heilige zu werden. Mit manchen von ihnen ist es so schwer auszukommen. Aber ein alter Griesgram ist das Krönungswerk des Teufels.«[58]

Adresse: Chiesa Santa Maria della Vittoria, Via XX settembre 17, 00187 Roma (unweit Quirinalspalast und Bahnhof Termini)

30.
STANISLAUS KOSTKA
der polnische Fußmarschierer

In nächster Nähe zum Quirinalspalast, wo die Präsidenten Italiens residieren, liegt die kleine hübsche Kirche »San Andrea al Quirinale«. Sie ist wie viele andere Kirchen in Rom ein Kleinod, denn keine ihrer Wände ist gerade, alle sind geschwungen, auch die Decke ist nahezu eine Kuppel. Alles rundet sich.

Wir kommen hierher aber nicht wegen der barocken Schönheit, sondern wegen eines heiligen Sonderlings, des heiligen Stanislaus Kostka. Er möge mir verzeihen, dass ich ihn Sonderling nenne, denn er fällt so heraus aus allem, was man sich unter einem jungen Mann aus noblem Haus vorstellt.

Seine Wiege stand im Schloss Rostkowo einer adligen Familie in der Nähe von Warschau. Geboren wurde er als zweiter Sohn im Jahr 1550. Schon mit 14 Jahren schickten ihn seine Eltern zur höheren Bildung nach Wien zu den Jesuiten. Dort ärgerte sich sein älterer Bruder über seine Frömmigkeit. Daher wurde er oft mit Prügeln versorgt. Er solle von dem vielen Beten lassen. Ohne Erfolg! Mit sechzehn Jahren floh er als Bettler verkleidet aus Wien und marschierte zu Fuß gen Westen, um in den Jesuitenorden einzutreten. Im schwäbischen Dillingen traf er den ersten Provinzoberen der neugegründeten Jesuiten-Provinz in Deutschland, Petrus Canisius. Dieser fand ihn reif für den Ordenseintritt, schickte ihn aber weiter nach Rom. Zu Fuß ging´s über die Alpen. Er wurde in Rom ins Noviziat der Jesuiten aufgenommen. Doch schon im Jahr darauf starb er – vermutlich geschwächt durch seine Märsche. Er war gerade 18 Jahre alt.

Marmorstatur des hl. Stanislaus Kostka auf dem Sterbebett

Und nun sehen wir hier zwei Stockwerke über der Kirche eine Plastik, die ihn auf dem Sterbebett zeigt.

Ich würde Stanislaus gerne fragen, wie er in jungen Jahren zu einem so starken Glauben kam, was ihn so antrieb, Jesuit werden zu wollen. Ich würde ihn vor allem gerne fragen, was er der heutigen Jugend sagen würde, was er in der Jugendsynode im Vatikan sagen würde.

»*Lieber heiliger Stanislaus, du warst ja nicht nur traditionell polnisch katholisch, weil das bei euch in der Familie und Gesellschaft so üblich war. Dein Bruder war ganz anderer Ansicht. Er hat dich verprügelt, damit du Schluss machst mit der Beterei.*

Deine Familie hatte für dich besseres im Sinn als einen Ordenseintritt, daher hat sie dich ja schon ins ferne kaiserliche Wien geschickt.«

Vielleicht würde Stanislaus antworten:
»Ja, da musst du eigentlich nicht mich fragen, sondern beim lieben Gott selbst anklopfen. Denn ich weiß auch nicht, warum er mir die Gnade und Kraft gegeben hat, die andere so nicht haben. Freilich kann ich gestehen, dass ich einfach offen war für Gott, ich ließ mich ansprechen. Ich habe mir auch Zeit genommen für ihn, weil er mir grundlegend wichtig schien. Ich habe mir auch die Heiligen genau angeschaut, habe das Leben einiger Heiliger, so gut ich konnte, studiert. Es hat mich auch fasziniert, was Heilige fertiggebracht haben, wie sie über sich hinausgewachsen sind. Ich merkte: Sie ließen sich mitreißen. Und dann, das muss ich auch noch sagen, hatte ich in Wien eine Erscheinung der Gottesmutter, die mich zutiefst berührt hat. Ich kann das nicht näher erklären, das ist zu geheimnisvoll.«

Und ich möchte gerne insistieren.
»Heiliger Stanislaus, ich muss dich zur Situation der jungen Menschen heute in Mitteleuropa fragen. Die allermeisten von ihnen sind zwar getauft und waren bei der Erstkommunion, aber sie haben vom Glauben ganz wenig Ahnung. Daran sind sie meist nicht selbst schuld, sondern es gelingt unserer Kirche fast gar nicht, das Wichtigste vom christlichen Glauben den Menschen von heute zu sagen, zu erklären. Die meisten von ihnen führen ein mehr oder weniger bürgerlich anständiges Leben. Freilich gilt für junge Leben heute meist: Das Leben soll auch Spaß machen, ich möchte Erfolg haben, anerkannt sein. Aber bitte nicht zu viel Stress, nicht zu viel Anstrengung. Und für viele junge Leute gilt auch: Bitte

nicht spießig werden, nicht ganz so wie die ältere Generation. Das Leben ist zu kurz, um ständig zu schuften. So, lieber heiliger Stanislaus, schildere ich in wenigen Strichen viele Jugendliche in Mitteleuropa. Die Uhren gehen also ziemlich anders als bei den meisten jungen Polen vor 500 Jahren, die den Glauben von Eltern und Gesellschaft so lernten wie Lesen und Schreiben.«

Und dann ahne ich, dass Stanislaus sagen könnte:
»Ja, die Lage ist nicht einfach. Die Christen heute in Mitteleuropa müssten vielleicht wieder so ähnlich werden wie die Christen der Anfangszeit. Sie müssten durch ihre Lebensweise auffallen, vielleicht unangenehm auffallen. Junge Leute schauen ja gerne auf solche Menschen, die nicht angepasst sind, die aus der Reihe tanzen, die das weglassen, was sie für spießig halten. Vielleicht sollten die Christen heute vor allem so leben, wie es sich junge Menschen heimlich wünschen: Ehrlich, offen, lernbereit. Schau, ich bin ja rund 1.500 Kilometer zu Fuß marschiert und hab dabei auf der Straße und in den Herbergen viele Leute getroffen, die ganz anders dachten als ich. Sie haben mich manchmal komisch angeschaut, wenn ich irgendwo am Wegrand morgens oder abends oder in der Ecke der Herberge gekniet bin und gebetet habe. Viele junge Menschen schätzen gerade auch Menschen, die anders sind, die sich anders verhalten. Sie mögen alles, nur nicht angepasst sein.

Und dann muss ich noch bekennen: Ich wollte Gott nahe sein. Ich hatte im Gebet erfahren, wie gut und schön und groß das ist, Gott nahe zu sein. Bei ihm war es gut, bei ihm war ich aufgehoben, geborgen. Ich wusste, dass das gut ist für mich und für die Menschen allgemein. Ich habe viel auf Jesus am Kreuz geschaut. Das gab mir Kraft und Freude. Das sollten junge Leute heute durch das Vorbild von älteren Menschen wieder lernen.«

Gebet von Papst Franziskus für die Jugend

»Herr Jesus Christus, Deine Kirche richtet ihren Blick auf die Jugendlichen in der ganzen Welt. Wir bitten Dich, lass sie mutig ihr Leben in die Hand nehmen, nach den schönsten und sinnvollsten Dingen des Lebens streben und stets ein freies Herz bewahren. Hilf ihnen, begleitet und geführt von weisen und großherzigen Menschen, dem Ruf, den Du an jeden Einzelnen von ihnen richtest, zu folgen, um ihren Lebensentwurf zu verwirklichen und glücklich zu werden. Halte ihre Herzen offen für große Träume und lass sie auf das Wohl ihrer Brüder und Schwestern achten. Lass auch sie wie den geliebten Jünger am Fuß des Kreuzes stehen, um Deine Mutter als ein Geschenk von Dir zu empfangen. Lass sie Zeugen Deiner Auferstehung sein und erkennen, dass Du lebst und an ihrer Seite bist, während sie mit Freude verkünden, dass Du der Herr bist. Amen.«[59]

Adresse: San Andrea al Quirinale 30, Via del Quirinale, 30, 00187 Roma

31.
GARIBALDI
Streitbarer Papstgegner

Wir müssen uns von Pracht, Schönheit und Heiligkeit einmal ein wenig erholen und durchschnaufen. Steigen wir dazu auf den Gianicolo-Hügel jenseits des Tiber. Von dort oben sieht man herrlich über die römische Altstadt. Der Name »Gianicolo« kommt vom lateinischen »Janus«. Janus ist der Gott, dessen Kopf in beide Richtungen schaut. Es war ein typisch römischer Gott, von dem es viele Statuen gibt. Der Gianicolo-Hügel ist langgezogen und »schaut« in beide Richtungen. Dort oben gibt es einiges zu sehen.

Zunächst einen hohen Leuchtturm, den die nach Argentinien ausgewanderten Römer ihrer Heimatstadt geschenkt haben, damit Rom immer an die Landsleute jenseits des Ozeans denkt.

Dann kommen wir an die Reiterstatue der Anita Garibaldi, der Ehefrau des Revolutionärs Giuseppe Garibaldi. In der rechten Hand hält sie einen Revolver in die Höhe, um zu zeigen, dass man mit ihr im Freiheitskampf rechnen muss. Im linken Arm trägt sie ihr Baby.

Und wenn wir nun weiter den Berg hinaufsteigen, kommen wir zu dem Mann, den viele Italiener als Befreier vom »Joch« der Päpste ansehen: Giuseppe Garibaldi. Man hat ihm hier oben, mit dem Blick über Rom, an herausragender Stelle einen würdigen Platz bereitet.

Von hier oben können wir den Blick über die Altstadt von Rom genießen. Wir sollten es in aller Ruhe und mit ausreichend Zeit tun.

Ich versuche eine Diskussion mit Giuseppe Garibaldi anzuzetteln:

»Verehrter Feldmarschall und Befreier Roms von der Herrschaft der Päpste! Ich kann ja heute verstehen, dass Sie radikal gegen die staatliche Beherrschung Italiens durch die katholische Kirche, durch die Päpste waren. Alle Länder Europas waren auf dem Weg zur Demokratie. Italien hinkte hinterher. In den meisten Ländern Europas gab es auch schon Verfassungen, die Macht der Machthaber war beschränkt. Im Zentrum Italiens herrschte immer noch der Papst, und Italien konnte sich nicht zu einem Staat vereinigen, weil mittendrin der Papststaat lag.

Aber ich kann auch die Päpste verstehen, denn hinter der Freiheits- und Demokratiebewegung stand ja nicht nur die Idee der Staatssouveränität und der Freiheit, sondern auch die Ideologie der Freimaurer. Wenn ich recht informiert bin, wollten die Freimaurer die christliche Weltanschauung zerbrechen. Die Allianz zwischen freimaurerischer Ideologie und Staatsunabhängigkeit hat die Päpste daran gehindert, die politische Macht abzugeben. Was meinen Sie zu dieser Analyse, Herr Feldmarschall?«

Garibaldi: »Nun, wenn ein vernünftiger offener Dialog zwischen uns möglich gewesen wäre, hätten wir uns vielleicht einigen können. Aber wir waren ja für die Päpste gar keine Gesprächspartner, wir waren in den Augen der Päpste nur die bösen Kirchenfeinde.«

Frage: *Wart ihr das nicht?*

Garibaldi: »Wir waren für die Freiheit des Denkens, für die Religionsfreiheit, die die katholische Kirche erst im zweiten Vatika-

Denkmal für Giuseppe Garibaldi

num anerkannt hat. Wir waren für die Trennung von Kirche und Staat, wie sie heute selbstverständlich ist. Wir waren dem Denken voraus. Die katholische Kirche hat fast hundert Jahre gebraucht, bis sie auf der Höhe der Moderne war.

Frage: »Hätten Sie nicht der Ideologie der Freimaurer abschwören müssen, um einen italienischen Gesamtstaat zu gründen? Die meisten Italiener waren ja getaufte Katholiken, die meisten von ihnen hingen den Päpsten an. Nur Intellektuelle aus dem Norden Italiens und ein paar aus dem Süden waren so entschieden gegen den Papst.«

Garibaldi: »Wir wollten einen Nationalstaat und damit die Ehre der Italiener. In Europa hatten vor allem die Franzosen endlich ihren Staat erkämpft, die Briten hatten seit Jahrhunderten ein Parlament, Deutschland war noch gespalten in viele Fürstentümer und Königreiche. So wie euer Bismarck trickreich für ein einiges Deutschland gekämpft hat und die katholische Kirche in ihre Schranken verwies, so habe ich, Garibaldi, nicht mit Diplomatie, sondern mit wenigen Waffen den Papst in seine Schranken verwiesen, in seine Mauern. Seither ist Frieden zwischen dem Staat Italien und der katholischen Kirche. Die meisten Italiener sind katholisch und gute patriotische Staatsbürger.«

Gebet des Heiligen Franz von Assisi um Frieden
»Herr, mache mich zum Werkzeug deines Friedens:
dass ich Liebe bringe, wo man einander hasst,
dass ich Versöhnung bringe, wo man einander kränkt,
dass ich Einigkeit bringe, wo Zwietracht ist,
dass ich den Glauben bringe, wo Zweifel quält,
dass ich die Hoffnung bringe, wo Verzweiflung droht,
dass ich die Freude bringe, wo Traurigkeit ist,
dass ich das Licht bringe, wo Finsternis waltet.

O Meister, hilf mir, dass ich nicht danach verlange,
getröstet zu werden, sondern danach, zu trösten,
nicht danach, verstanden zu werden, sondern danach, zu verstehen,
nicht danach, geliebt zu werden, sondern danach, zu lieben.

Denn: Wer gibt, der empfängt,
wer verzeiht, dem wird verziehen,
wer stirbt, der wird zum ewigen Leben geboren.«[60]

32.
RAFFAEL
Pfingstlicher Rosenregen

Besuchen wir heute das Grab des großen Malers Raffael im Pantheon, wo er begraben sein wollte. Seit Ende des 19. Jh. sind dort auch italienische Könige begraben. Raffael ruht also neben Königen! Der hochbegabte Maler aus Urbino in den italienischen Marken wurde nur 37 Jahre alt und starb im Jahr 1520. Von ihm stammen die berühmten Fresken in den vatikanischen Stanzen und unzählige Mariendarstellungen. Ohne ihn wäre Rom nicht das, was es heute ist. Neben und über ihm steht vielleicht nur Michelangelo.

Aber es soll uns vor allem um das Pantheon gehen. Das Wort Pantheon bedeutet ja »Tempel für alle Götter«. Es wurde um das Jahr 125 nach Christus unter den Kaisern Trajan und Hadrian erbaut. Jahrhunderte lang war es der Bau mit dem größten Innendurchmesser in der Breite und Höhe. Um das Jahr 600 wurde das heidnische Pantheon zu einer christlichen Kirche und heißt daher offiziell »Santa Maria ad Martyres«.

Raffael hätte das, was seit einigen Jahren im Pantheon an Pfingsten zu sehen ist vermutlich sehr gefreut. Dort regnet es nämlich aus der offenen Kuppel an Pfingsten Rosenblätter. Die Geschichte des Rosenregens muss erzählt werden:

In Rom gab es bis vor wenigen Jahren den italienischen Priester Don Antonio Tedesco. Seinem Namen entsprechend hatte er im deutschen Sprachraum Theologie studiert und war Pilgerseelsorger für Deutschsprachige in Rom geworden.

Raffaele Sanzio, Selbstporträt, um 1505

Er war ein großer Seelsorger und ein Genie im Umgang mit Menschen und in der Erklärung theologischer Fragen. Wer ihn gehört hatte, liebte ihn.

Und er war clever, weil er auch im Vatikan und in der Diözese Rom seine Fühler ausstreckte. So wurde er der verantwortliche Geistliche für das Pantheon. Und als solcher hatte er eine glänzende Idee, das Pantheon an Pfingsten zu einer vollen und jubelnden Kirche zu machen. Denn am Ende des Gottesdienstes regnete es aus dem Loch von acht Metern Durchmesser in der Kuppel rote Rosenblätter auf das gläubige Volk herunter. Und es waren nicht nur wenige Rosenblätter, es war ein Riesenregen. Der Boden der Basilika war am Ende mit roten Blättern übersät.

Und man muss den Hintergrund kennen: Don Antonio hatte in seinem Heimatdorf in der Nähe von Rom die Leute gebeten, Rosenstöcke mit roten Blättern zu kultivieren. Sie mussten an Pfingsten blühen. Und vor Pfingsten füllten die Bewohner des Dorfes Dutzende von großen Säcken mit Rosenblättern. Die Männer mit den Säcken mussten am Pfingstsonntag auf die relativ flache Kuppel hinaufklettern, sich dann vor dem Loch auf den Bauch legen und zum Ende der heiligen Messe die Blätter herunterrieseln lassen. Es war ein Schauspiel für Götter und Menschen.

Und dahinter steckte ein schlauer Seelsorger. Die Menschen, vor allem auch die Italiener, wollen nicht nur Gutes in die Ohren, sondern auch für die Augen und fürs Herz. Es musste ein Spektakel sein, wie auch das erste Pfingstfest ein göttliches Spektakel war.

Und Raffael hat sicher aus den Himmelshöhen dem Schauspiel mit großem Vergnügen zugeschaut.

»Komm, Schöpfer Geist, kehr bei uns ein,
    besuch das Herz der Kinder dein:
    Erfülle nun mit deiner Gnad
    die deine Macht erschaffen hat

Der du der Tröster wirst genannt,
    vom höchsten Gott ein Gnadenpfand,
    du Lebensbrunn, Licht, Lieb und Glut,
    der Seele Salbung, höchstes Gut.

O Schatz, der siebenfältig ziert,
    O Finger Gottes, der uns führt,
    Geschenk, vom Vater zugesagt,
    du, der die Zungen reden macht.

Zünd an in uns des Lichtes Schein,
    gieß Liebe in die Herzen ein,
    stärk unsres Leibs Gebrechlichkeit
    mit deiner Kraft zu jeder Zeit.

Treib weit von uns des Feinds Gewalt,
    in deinem Frieden uns erhalt,
    daß wir, geführt von deinem Licht,
    in Sünd und Elend fallen nicht.

Den Vater auf dem ew'gen Thron
    lehr uns erkennen und den Sohn;
    dich, beider Geist, sei'n wir bereit
    zu preisen gläubig alle Zeit.«

(Übersetzung von »Veni creator spiritus«
durch Heinrich Bone[61])

Adresse: Pantheon, Piazza della Rotonda, 00186 Roma

33.
DER MALER CARAVAGGIO
Leuchtende Schatten

Einer der ausgefallensten Maler des italienischen Barocks ist Caravaggio. Mit vollem Namen: Michelangelo Merisi da Caravaggio. Er verband Sakrales und Profanes, war äußerst realistisch. Seine größte Neuerung bestand darin, dass er auf seinen farbigen Gemälden mit Licht und Schatten spielte. Licht und Schatten spielen eine enorme Rolle auf seinen Bildern. Beispiele dafür finden wir in der Kirche der Franzosen, San Luigi dei Francesi.

Caravaggio malt hier drei Bilder des Evangelisten Matthäus, von denen wir jetzt eines betrachten. Matthäus gilt als Geldmensch, als Bänker. Biblisch heißt er »Zöllner«. Er hatte für den Staat den Zoll einzunehmen. Viele Zöllner aber ließen viel Geld in ihre privaten Taschen verschwinden. Jedenfalls wird Jesus vorgeworfen, er setze sich neben Zöllner ebenso wie neben Dirnen und andere Sünder. Für die ganz »Rechtgläubigen« war es ein Skandal, dass Jesus den Zöllner Matthäus in seinen engsten Kreis berief. Wie kann er nur? Auf dem Bild von Caravaggio zeigt der stattliche Mann mit schönem Bart auf seine Brust und fragt Jesus – den man kaum sieht – »Meinst du mich?« Profis diskutieren, ob Jesus nicht eher den über den Tisch gebeugten Mann ganz links meint, der kein Auge für Jesus hat, sondern nur Geld zählt. Auf dem ganzen Gemälde spielen Licht und Schatten eine außerordentliche Rolle. Ähnlich ist es bei den beiden anderen Bildern.

Caravaggio, Berufung des Matthäus

Meine Überlegungen zu den Fragen: »Kirche und Geld«

Jesus lebte bettelarm, er wusste an einem Tag noch nicht, was er am nächsten Tag zu essen bekäme. Ähnlich war es bei den zwölf Aposteln, die ihn begleiteten. Freilich heißt es in der Bibel auch, dass Frauen sich um das tägliche Brot für sie kümmerten. Sie lebten also »von der Hand in den Mund«. Sie sollten ganz auf Gott vertrauen. Jesus sagt: »Warum macht ihr euch Sorgen. Der Vater im Himmel versorgt auch die Vögel des Himmels«. Nun, denke ich, Vögel sind Vögel! Menschen haben von Gott den Verstand bekommen, damit sie selbst für ihr Essen sorgen. In manchen Ländern mag das Essen von den Bäumen fallen. In anderen muss man wenigstens für die kalte Jahreszeit sorgen, Vorräte anlegen. Und Bankleute sind nun mal dazu da, das Angesparte gut zu verwalten, mit dem Gesparten der einen vorübergehend anderen zu helfen. Kann das Bankgeschäft schlecht sein? Es hilft doch beiden Seiten.

Und die »soziale Marktwirtschaft« versucht, den Ideenreichtum von Unternehmern und Händlern einzusetzen und gleichzeitig dafür zu sorgen, dass dieser Einsatz auch sozial hilfreich ist. Es ist nicht nur Marktwirtschaft und nicht nur Sozialismus, sondern ein Ausgleich zwischen den Chancen des Marktes und dem Bemühen um Gerechtigkeit, also demjenigen zu helfen, der aus unterschiedlichen Gründen benachteiligt ist.

Die katholische Kirche hat eine katholische Soziallehre entwickelt. Sie hilft in vielen Ländern. Diese Soziallehre basiert auf den Geboten des Moses und den Idealen Jesu Christi. Die Kirche hat lange Zeit nicht richtig verstanden, welches ihre Rolle ist. Sie hat aber Fortschritte gemacht. Diese Denkfortschritte sind ein Beitrag für den Fortgang der Welt. Jesu Christi Denken ist erlösend.

In der Kirche braucht es die wirtschaftenden, sozial denkenden »Einsteiger« und die franziskanischen »Aussteiger«. Bekanntlich gibt es auch die Szene des reichen Mannes Zachäus, bei dem Jesus einkehrte und der anschließend nach der Begegnung mit Jesus versprach, die Hälfte seines Vermögens den Armen zu geben. Das entspricht nicht ganz den Forderungen der katholischen Soziallehre. Denn sie fordert nicht Almosen, sondern Gerechtigkeit. Aber der reiche Zachäus hat von der Großzügigkeit Jesu gelernt. Ich bete zu Gott: Hilf allen, die reich geworden sind, und sei es auch durch harte Arbeit: Überzeuge sie, dass die beste Erbschaft für ihre Kinder das lebendige Beispiel der Gerechtigkeit ist, des offenen Herzens und der offenen Hände, der Freiheit vom Geld, das zum Dienen gebraucht und nicht zum Götzen erhoben wird.

Gebet für die Reichen
von Dom Helder Camara

»Ein Scheckbuch lässt sich in den Tod nicht mitnehmen.
Angesichts der Ewigkeit gilt eine einzige Währung:
getane, gelebte Liebe.
Wer reich geworden ist, muss gemahnt werden:
Familien, die einst geeint waren, geraten in Zwist,
wenn es um die Erbschaft geht.
Die Stunde der Erbteilung ist keine gute,
allzu oft eine schreckliche Stunde.
Hilf jenen, die das Glück hatten,
in reichen Ländern geboren zu werden;
verhilf ihnen zur Einsicht, dass die Privilegien,
die sie genießen, mit Unrecht gegen die armen Länder
   erkauft sind. Oft werden sie zu Komplizen dieses
   Unrechts, ohne es zu merken.
Hast Du schon bemerkt, Herr, wie sehr – in den
   entwickelten und in den armen Ländern – Minderheiten
   zahlreicher werden,
die wie Abraham gegen alle Hoffnung hoffen.
Sie sind entschlossen, eine menschlichere
und gerechtere Welt zu bauen.
Tröstlich ist es, zu sehen, wie sie friedliche,
aber kühne Taten in Angriff nehmen, die mehr und mehr
   die Strukturen der Unterdrückung erschüttern werden.
Vielleicht erscheint Dir, Herr, der Schluss dieses Gebetes
   etwas naiv: Es gibt nur einen Reichtum: die Teilnahme
   an Deinem Leben, Deiner Göttlichkeit, Deiner
   Schöpfermacht, Deinem Willen.
Anderer Reichtum ist falscher Reichtum, angehäuft aus
   Egoismus.

Geld, Macht, Ruhm, Verbürgerlichung verbreiten Egoismus:
Das ist jenes Tier, das in uns selber steckt,
uns verschlingt und uns verleitet, zu verschlingen…
Hilf der menschlichen Kreatur, falschem Reichtum zu
    entgehen und einzutauchen in den Reichtum, zu dem
    wir alle geboren sind:
in die eine, untrennbare Liebe – Gottesliebe –
    Menschenliebe.«[62]

Adresse: San Luigi dei Francesi, Piazza di S. Luigi de' Francesi, 00186 Roma

34.
HELENA
Reliquiensuche im Heiligen Land

Heute wandern wir in die Nähe der Lateranbasilika zur Kirche »Santa Croce in Gerusalemme«. Der Name der Kirche bedeutet »Heiliges Kreuz in Jerusalem«. Hier begegnen wir der Heiligen Helena, einer außergewöhnlichen Dame. Sie interessiert uns, weil sie das Kreuz Christi in Jerusalem gesucht und gefunden haben soll und auf sie die vielen Kreuzreliquien, die es in der ganzen Welt gibt, zurückgehen sollen.

Aber zunächst ihre Geschichte: Vermutlich stammte sie aus der Familie eines Schankwirts in der nördlichen Türkei am Bosporus und wurde um das Jahr 250 geboren. Der römische Offizier Constantius wurde auf sie aufmerksam, verliebte sich in sie und lebte mit ihr zusammen. Es gelang dem Offizier Constantius sogar, römischer Kaiser zu werden, und daher wurde Konstantin, der Sohn Helenas und Constantius später auch Kaiser. Daher war die Wirtstochter Helena plötzlich Kaisermutter.

Ihr Sohn besiegte bei der berühmten Schlacht an der Milvischen Brücke 312 den Gegenkaiser Maxentius und entschied, dass das Christentum ab jetzt nicht mehr verfolgt, sondern geduldet werden solle. Helena ließ sich taufen.

Mit fast 70 Jahren hatte sie dann im Traum eine Vision, die Orte im Heiligen Land zu finden, wo Jesus Christus gekreuzigt und begraben war. Diese Plätze waren durch einen heidnischen Tempel überbaut und daher der Hügel Golgotha und das Grab Christi darunter erhalten. So jedenfalls die Tradition.

Statue der heiligen Helena auf der Kirche S. Croce in Gerusalemme

Der Heilige Ambrosius berichtet von der Auffindung des Kreuzes und anderer Reliquien Christi in Jerusalem. Sie wurden nach Rom gebracht und für ihre Verehrung wurde besonders die Kirche »Santa Croce in Gerusalemme« gebaut.

Es gibt in Rom freilich noch eine andere Kirche, wo die Heilige Helena besonders verehrt wird. Es ist die »Ara Coeli« hoch oben auf dem Kapitolhügel, zu Deutsch »Himmelsaltar«. Wir modernen Menschen tun uns mit den Reliquien und ihrer Verehrung nicht leicht. Ich möchte versuchen, ein wenig Verständnis dafür zu wecken.

Nehmen wir nicht von Reisen in ferne Länder gerne Andenken mit und verwahren sie in der heimischen Wohnung? Sie erinnern uns dann an schöne Erlebnisse in der Ferne. Erst recht bewahren wir Gegenstände und vor allem Bilder von lieben Verstorbenen. Durch sie bleiben diese Menschen in unsere Nähe.

Freilich ist die Verehrung von Reliquien durch gläubige Christen noch mehr als nur Erinnerung. Vor allem südliche Europäer küssen Heiligenreliquien gerne, drücken dadurch ihren Glauben und ihr Vertrauen aus, dass der Heilige dann helfen wird. Nordlichter sind da skeptischer. Reliquienverehrung gehört auch nicht zum Glaubensgut der Katholiken. Jeder ist hier frei, das zu glauben und zu tun, was sein Gewissen wünscht.

So sehen wir in der Kirche »Santa Croce in Gerusalemme« angebliche kleine Teile des Kreuzes Christi, Dornen von der Dornenkrone Christi, Nägel vom Kreuz Christi und die Tafel, auf der stand »Jesus nazarenus – rex iudeorum« – »Jesus von Nazareth – König der Juden«.

Ich möchte nun mit der heiligen Helena einen kurzen Betrachtungsausflug nach Jerusalem machen und die heiligen Stätten besuchen. Dort stehen wir zunächst vor der Grabeskirche. Wir halten staunend und schweigend vor dem gewölbten Tor des Gotteshauses, betreten es dann voll Ehrfurcht, sehen gleich nach dem Eintritt einen langen Stein am Boden, auf dem der tote Leib Christi gesalbt worden sei, stehen andachtsvoll vor der eigentlichen Grabkammer, in die man nur gebückt eintreten kann, staunen dann drinnen vor dem Stein, der den toten Leib Christi zugedeckt haben soll. Anschließend steigen wir eine steile Treppe zum Altar auf den Golgota-Felsen hinauf, wo das Kreuz Christi gestanden haben soll. Und nun fliegen wir von Jerusalem im Geiste wieder zurück nach Rom in die Kirche »Santa Croce in Gerusalemme«.

Gebet, das im Jahr 1505 am Heiligen Grab gefunden wurde.

»Gebenedeit sei der Herr Jesus Christus,
der an dem Holz des hl. Kreuzes für unsere Sünden gestorben ist.
O hl. Kreuz Christi, sei mit mir.
O hl. Kreuz Christi, sei mein Vertrauen.
O hl. Kreuz Christi, sei mir ein wahrhaftiges Licht meiner Seele und Seligkeit.
O hl. Kreuz Christi, wend' ab von mir alle feindlichen Waffen.
O hl. Kreuz Christi, entferne von mir alle Übel.
O hl. Kreuz Christi, gieße mir ein alles Gute,
durch Dich o hl. Kreuz komme ich auf den Weg meiner Seligkeit.
O hl. Kreuz Christi, bewahre mich vor aller körperlichen Not.
O gekreuzigter Jesus von Nazareth, erbarme Dich meiner, damit der böse Feind von mir weichen möge, sichtbar und unsichtbar von nun an bis in Ewigkeit.
Zur Ehre des Leidens Jesu,
zur Ehre seines teuren Blutes,
zur Ehre seines schändlichen Todes,
zur Ehre seiner hl. Menschwerdung und Auferstehung, wodurch er uns zu unserer Seligkeit hat bringen wollen.«[63]

Adresse: Chiesa S. Croce in Gerusalemme: Piazza di S. Croce in Gerusalemme, 00185 Roma

35.
KIRCHE »QUO VADIS«
Petrus auf der Flucht

Wir wandern heute weit hinaus aus der alten Stadt Rom, bis weit außerhalb der alten Aurelianischen Mauer. Wir kommen auf die »Via Appia Antica«. Dort finden wir an einer Straßengabelung das Kirchlein »Quo vadis«. Wenn wir hier in Ruhe sitzen, kommen uns viele Gedanken, nachdenkliche Fragen, Zweifel, Einsichten.

Zunächst aber sehen wir in der Kirche die Büste des polnischen Schriftstellers Henryk Sienkiewicz, der für seinen Roman »Quo vadis« 1905 den Literatur-Nobelpreis erhalten hat. Das Thema »Quo vadis« wurde im Lauf der letzten 70 Jahre vielfach in mehr oder weniger guten Filmen behandelt. Filmfreunde mögen mit dem Thema viel verbinden. Vermutlich wissen aber fromme Kirchgänger nicht viel über die Legende, die sich um Petrus und den auferstandenen Christus dreht.

Die Kirche erinnert an diese Legende: Der Apostel Petrus sei kurz vor seiner Kreuzigung in Rom aus der Stadt geflohen, um sein Leben zu retten. Freunde hätten ihm dazu geraten, sich noch rechtzeitig in Sicherheit zu bringen. Als er dann hier, rund einen Kilometer vom Forum, angekommen sei, sei ihm Jesus mit dem Kreuz beladen begegnet. Petrus habe ihn gefragt: »Wohin gehst Du ?«, auf Latein »Quo vadis«? Jesus habe geantwortet: »Ich gehe nach Rom, um mich noch einmal kreuzigen zu lassen.« Auf dieses Wort hin sei Petrus umgekehrt und nach Rom zurückgegangen.

Julius Schnorr von Carolsfeld, Domine, quo vadis

Wir moderne Mitteleuropäer sagen spontan: Schöne Legende! Aber was ist daran zu glauben? Ja – wir sagen gerne: Die Südländer glauben allerhand. Wir moderne Menschen trauen nur dem, was die Historiker für korrekt, für wahrscheinlich erklären

Moderne gebildete Christen fragen weiter: War Petrus überhaupt je in Rom? Von Paulus wissen wir es aus der Apostelgeschichte, aber von Petrus wissen wir es nur durch antike

Texte. Aber behaupten die Autoren damals nur, Petrus sei in Rom gewesen und hier sogar gekreuzigt worden, um zu unterstreichen, dass Petrus der erste Bischof Roms war, um die Vorherrschaft Roms über die anderen alten Bischofsstädte zu beweisen? Seit Europa aufgeklärt ist, werden viele alte Erzählungen nur als Legenden angesehen, die Historiker haben gleichsam die »Macht« übernommen. Der moderne Europäer hält nur das fest, was Historiker geprüft und als richtig befunden haben.

Aber hilft uns diese Denkweise? Sind Legenden nicht manchmal für den Glaubenssinn besser? Wir wollen sicher nicht unkritisch alles glauben, was man uns erzählt, vor allem wenn es die Religion betrifft. Aber können wir denn in Sachen Religion alles rational kritisch nachprüfen? Müssen wir nicht in Sachen Religion immer den mutigen Sprung wagen, etwas zu glauben, was wir nicht kritisch beweisen können? Ja, auch im außerreligiösen Bereich, im allgemeinen menschlichen Leben: Müssen wir nicht einem anderen Menschen glauben, dass er uns liebt, wenn er es uns bekennt? Können wir sein Liebesbekenntnis kontrollieren?

Nein, wer nicht glauben kann, kann nicht leben.

Also, wir **müssen** nicht glauben, dass hier, wo wir jetzt sitzen, der auferstandene Jesus dem Petrus erschienen ist. Aber die Legende hilft uns vielleicht über die Gegenwart Jesu in unserem persönlichen Leben nachzudenken, über seine Begleitung, über seine Treue. Der Ort hier hilft uns auch, über Petrus nachzudenken. Die Legende sagt: Er war feige, wollte fliehen. Vielleicht hatte er ein schlechtes Gewissen, vielleicht plagten ihn Zweifel, vielleicht rang er in seinem Inneren mit Jesus, der ihm als Auferstandener erschienen war, der ihm den Mut gegeben hatte, in Jerusalem öffentlich für ihn aufzutreten. Vielleicht hilft uns dieses kleine Kirchlein nachzudenken, ob wir in unserem Alltag zuhause Jesus dann und wann einmal verleugnet haben, ob wir geschwiegen haben, wo wir hätten reden müssen, wo wir hätten widersprechen müssen gegen eine Ansicht, die viele vertraten, die wir aber für falsch halten.

Vielleicht hilft uns das Reflektieren in dem Kirchlein »Quo vadis«, darüber nachzudenken, ob das früher einmal vom Glauben an Christus geprägte Europa den Herrn nicht oft verraten hat – nicht nur aus Feigheit bei Verfolgung, sondern aus Oberflächlichkeit, aus Vergnügungssucht, aus Karrieregründen.

Wir können uns auch fragen, ob wir den kreuztragenden Christus überhaupt richtig kennen, wie gründlich wir uns mit ihm auseinandergesetzt haben, ob wir dann und wann mit ihm gestritten, weil wir ihn nicht verstanden haben, oder ob er uns einfach gleichgültig gewesen ist.

Wir gehen nach dieser selbstkritischen Überlegung in der Kirche »Quo vadis« weiter auf der Via Appia Antica.

Nicht weit von hier befinden sich Katakomben, also weit verzweigte unterirdische Räume, die als Friedhöfe angelegt wurden. Anders als man oft hören und lesen kann, haben sich hier nie Christen versteckt. Einige Gräber tragen christliche Symbole oder Bilder. Christsein hieß in den ersten Jahrhunderten nach Christus, zu einer Minderheit zu gehören, die von der Mehrheit belächelt, verspottet und immer wieder einmal auch sehr grausam verfolgt wurde. Viele von ihnen weigerten sich, den heidnischen Götterstatuen Weihrauchkörner zu opfern, was von den Kaisern geboten war. Nur wegen ein paar verweigerten Weihrauchkörnern gingen sie in den Tod, ließen sich foltern, wilden Tieren vorwerfen oder als Fackeln verbrennen.

Hier bei den Katakomben können wir nachdenken über die Christen, die heute in Ländern Asiens und Afrikas ihres Glaubens wegen verfolgt und schwer benachteiligt werden. Vielleicht sollten wir hier für sie beten. Vielleicht sind manche von ihnen gerade jetzt in Gefahr, von Jesus davon zu laufen. Wir können für sie beten und bitten, dass Jesus sich ihnen in den Weg stellt mit den Worten »Quo vadis« – Wohin willst du gehen? Und wohlgemerkt: Nicht Jesus fragte nach der Legende Petrus: »Wohin gehst du?«, sondern Petrus fragt Jesus: »Wohin gehst du?« Und Jesus antwortet: »Ich gehe nach Rom zurück, um mich dort noch einmal kreuzigen zu lassen.« Er ist auch heute bereit, für uns in die Bresche zu springen.

Diesen Gedanken könnten wir mitnehmen, wenn wir auf der lauten Via Appia wieder in die laute Stadt Rom zurückwanden.

Gebet in Solidarität mit bedrängten und verfolgten Christen

»Geist, der das Leben weckt,
du bist der Schwachen Kraft,
gibst ihnen Zuversicht
mitten in Todesnot,
hell wird uns offenbar,
was uns der Glaube sagt:
Christus hat unsern Tod besiegt.

Alles verwelkt im Tod,
Staub wird des Menschen Leib.
Doch wer in Christus stirbt,
wird mit ihm auferstehn:
Wer sich zu ihm bekennt,
fürchtet die Marter nicht
wird im Tode mit Christus eins.

Ihm, der als Weizenkorn
für uns zerrieben ward,
folgen die Jünger nach,
bringen sich dar mit ihm,
werden wie er zum Brot,
welches das Leben nährt,
Pilger stärkt auf dem Weg zu Gott.

Dich, Herr verehren wir,
König der Märtyrer,
Dein ist die Herrlichkeit,
von der ihr Glaube zeugt.
Führ uns durch deinen Geist
heim in des Vaters Reich,
wo in Ewigkeit Friede herrscht. Amen.«

(Hymnus aus dem Stundengebet der Kirche,
2. Woche im Jahreskreis)

....

Adresse: Chiesa del Domine Quo Vadis, Via Appia Antica Nr. 51,
00179 Roma

36.
SAN SEBASTIANO
Von Pfeilen getroffener Bekenner

Wenn man dem Heiligen Sebastian auf der Via Appia einen Besuch abstatten will, dann muss man gut zufuß sein, denn es ist ein ziemlich weiter Weg auf holprigem alten Pflaster von der Porta San Sebastiano bis zur Katakombe des Heiligen, der von Pfeilen durchbohrt worden sein soll. Als ich zum letzten Mal dort war, kam mir der Vergleich zwischen den Pfeilen, die den heiligen Soldaten durchbohrten und den kritischen Anfragen an den heutigen Christen. Sebastian kam aus Mailand und war römischer Soldat. Er diente in der Leibwache von Kaiser Diokletian. Wegen seines Bekenntnisses zum Christentum ließ ihn Diokletian von Bogenschützen erschießen. Er wurde für tot gehalten und liegengelassen; die fromme Witwe, die seinen Leichnam für das Begräbnis vorbereiten wollte, stellte fest, dass er noch lebte und pflegte ihn gesund. Nach seiner Genesung bekannte er sich erneut zum Christentum und wurde mit Keulen erschlagen.

Heute treffen den aufmerksamen Christen unzählige kritische Anfragen an Glaube und Kirche von modernen Menschen wie Pfeile. Ich denke an Folgendes:
- Wie kann man einer Kirche angehören, in der sehr viele Priester und Bischöfe junge Menschen sexuell missbraucht haben?

Statue des heiligen Sebastian in der Kirche San Sebastiano

- Wie kann man sich zu einer Kirche bekennen, die Frauen von fast allen Ämtern ausschließt?
- Wie kann man zu einer christlichen Gemeinschaft gehören, in der auch bestwillige Gläubige vom Abendmahl ferngehalten werden?
- Wie kann ein Papst unfehlbar sein und die Kirche alleinseligmachend?

Das sind spitze Pfeile, auf die der nachdenkliche Christ in angemessener Weise reagieren sollte. Einige Pfeile lassen sich vielleicht leicht herausziehen, andere aber stecken tief, verursachen schwere Schmerzen. Und auch wenn man sie herausgezogen hat, bleibt eine tiefe Wunde.

Heiliger Sebastian, hilf mir bitte, mit den Pfeilen, die in meinem Leib stecken, richtig umzugehen.

Ja – es ist ein schwerer Skandal, dass Priester und Bischöfe sich sexuell an jungen Menschen vergangen haben. Es muss aufgeklärt und bestraft werden. Weiterer Missbrauch muss so gut wie möglich verhindert werden. Aber man muss mehr dazu sagen: Kein Christ gehört zu einer Kirche wegen der Glaubensgemeinschaft, sondern er gehört wegen Christus zu ihr, weil er zu Christus gehören will. Er glaubt letztlich nicht an die Kirche, sondern an Christus. Er macht sein Leben fest nicht an der Kirche, sondern an Christus. Die Kirche ist von Anfang an eine Gemeinschaft von Sündern. Schon Petrus und die anderen Apostel haben Christus verraten. Kein Christ kam nur wegen der Amtsträger zum Glauben, diese sind nur Vermittler, wenn sie ihr Amt gut wahrnehmen. Aufgabe der Kirche ist es, Christus bekannt zu machen, zu verkündigen. Das tut sie mit all ihren Schwächen auch trotz ihrer Sünden. Der Pfeil darf lange schmerzen.

Und der Pfeil der Frauenfrage! Die Kirche muss sich heute fragen, was Jesus Christus heute täte. Würde er auch Frauen in die Runde der zwölf Apostel rufen oder nicht? Dabei darf die Kirchenleitung nicht nur an Europa und Nordamerika denken, sondern gerade auch an die Länder im Süden, wo der Glaube heute gewaltig wächst. Was denken junge afrikanische und asiatische Christen zur Frauenordination, zum Frauendiakonat? Mit diesem Pfeil muss man sehr sorgsam umgehen. Vor allem kann man auch das Folgende denken: In der modernen Welt müssen Frauen im Allgemeinen immer mehr Männern gleichen, typische Männerarbeit übernehmen, Soldatinnen und Polizistinnen werden. Wenn sie im Bereich der Banken arbeiten, tragen sie gewöhnlich keinen Rock, sondern eine Hose. Frauen spielen Fußball, werden Pilotinnen und Präsidentinnen. Das alles ist nicht schlecht. Aber man kann sich auch fragen, ob die Welt nicht ärmer wird, wenn Frauen immer männlicher werden, aussehen und sich geben müssen. Geht nicht etwas verloren, wenn Frauen männlich sein müssen, um etwas zu gelten? Frauen sollen sexuell anziehend aussehen, aber oft müssen sie sich gleichzeitig männlich verhalten. Seltsame Welt!

Wer ist zum Abendmahl eingeladen? Wer lädt ein? Christus oder die Kirche? Die entscheidende Frage lautet meiner Ansicht nach: Wie ernst nehme ich die Einladung Christi. Er lädt nicht wie ein Gastwirt, sondern wie ein Freiheitskämpfer ein. Wer ihm die Hand gibt, den lässt er nicht mehr los. Wer zur Kommunion geht, lässt sich verbindlich auf Christus ein. Wenn er das nicht will, soll er sich nicht selbst betrügen.

Päpste sind im Allgemeinen fehlbar. Sie haben sich auch schon oft in theologischen Fragen geirrt. Ganz zu schweigen vom moralischen Leben. Aber wenn sie nach gründlicher Beratung mit anderen Kirchenführern und Theologen auf der Linie der bisherigen Lehre etwas feierlich verkünden, dann kann der Christ davon ausgehen, dass ihre Lehre der Absicht Jesu Christi entspricht. – Die katholische Kirche ist nicht alleinseligmachend. Diese Formulierung stammt aus einer überholten Zeit. Alle Menschen aller Zeiten werden selig, wenn sie ihrem Gewissen ernsthaft folgen. Wichtig ist die Ernsthaftigkeit, dass man vor Gott sagen kann: Ich habe es mir gründlich überlegt und kann zu meiner Entscheidung auch angesichts des Todes stehen.

Traditionelles Gebet zum heiligen Sebastian

Heiliger Sebastian, wie hoch stehst Du bei Gott in Gunst! Welch' prächtiges Heldenbeispiel hast Du uns gegeben durch Dein Leben, Beten, Opfern und Leiden im Martyrium. Du warst ein mächtiger Helfer im Kampfe gegen Sünde, Lauheit, Sittenlosigkeit und Menschenfurcht. Darum kommen wir voll Vertrauens zu Dir. Mach uns im Glauben stark und froh, im Wandel einfach, demütig und zufrieden, im Leiden gottergeben und mutig. Bewahre uns vor Sünde, geheimen und offenen Lastern und Leidenschaften. Verschone uns vor Streit- und Trunksucht, Unmäßigkeit und trägem Wandel, Eifersucht, Lieblosigkeit, Aberglaube und jeglicher Unredlichkeit. Segne Leben, Stand und Beruf, Häuser, Triften und Weiden. Wende ab Misswachs, Seuchen und Krankheiten. Stärke uns in tätigem Dienste gegen Gott, unsere Mitmenschen und die Heimat und führe uns alle zur ewigen Heimat.[64]

Gebet eines Menschen, in dessen Seele viele Pfeile stecken
Gott, der Du mir im Kondensstreifenkreuz am Himmel Deine Nähe zusagst,
 – ich bete Dich an
Gott, der Du mir in deinen Schriften den Weg weist,
 – ich bete Dich an
Gott, der Du mir überraschend im Altarsakrament begegnest,
 – ich bete Dich an
Gott, der Du mir durch einen Inder das nötige Glas Wasser reichst,
 – ich bete Dich an
Gott, der sich vor mir versteckt und der sich von mir suchen lässt,
 – ich bete Dich an
Gott, der Du mich auf meiner Suche begleitest und liebevoll führst,
 – ich bete Dich an
Gott, der Du mich Deinen Frieden kosten lässt,
 – ich bete Dich an
Gott, der Du mir immer wieder in freundlichen Menschen begegnest,
 – ich bete Dich an

Gott, der Du mich die Einheit mit Deiner ganzen Schöpfung erfahren lässt,
  – ich bete Dich an
Gott, der Du meinen Terminkalender in den Händen hältst,
  – ich bete Dich an
Gott, der Du Deinen Engel schickst, der mich zum Nachtquartier begleitet,
  – ich bete Dich an
Gott, der Du mir nicht in den Kirchen begegnen wolltest,
  – ich bete Dich an
Gott, der Du mir Ansehen verleihst, wenn andere mich übersehen,
  – ich bete Dich an
Gott, der Du mir alles zur rechten Zeit schenkst, was ich zum Leben brauche,
  – ich bete Dich an
Gott, der Du mich befähigst, von dem wenigen das ich habe auch noch abzugeben,
  – ich bete Dich an
Gott, der Du mir durch einen Schlager aus dem Radio Deine Liebe zusicherst,
  – ich bete Dich an
Gott, der Du mir unzählige Schwestern und Brüder auf der Straße geschenkt hast,
  – ich bete Dich an
Gott, der Du in mir selber wohnst,
  – ich bete Dich an
Gott, der Du mich vor Deiner Anwesenheit singen und tanzen lässt,
  – ich bete Dich an
Gott, der Du mit immer neuen Ideen meinen Hunger und Durst stillst,
  – ich bete Dich an

Gott, der Du mir jeden Tag kleine und große überraschende Freuden bereithältst,
– ich bete Dich an
Gott, der Du mir auch die kleinen Wünsche erfüllst,
– ich bete Dich an
Gott, der Du mit mir im Notquartier meine Isomatte teilen möchtest,
– ich bete Dich an
Gott, der Du mir zu Füßen liegst,
– ich bete Dich an
Gott, der Du mit mir durch verschlossene Türen gehst,
– ich bete Dich an
Gott, der Du mir in Internetcafe und bei Mc Donalds begegnest,
– ich bete Dich an
Gott, die ganze Welt ist so voll von Dir,
– ich bete Dich an.

(»Gubbio« – Kath. Obdachlosenseelsorge, Köln)65

....

Adresse: San Sebastiano fuori le mura, Via Appia Antica 136, 00179 Roma

37.
SANKT PAUL
VOR DEN MAUERN
Kniender Papst

Heute wandern wir nochmals ganz weit vor die Tore der alten römischen Stadtmauern. Wir kommen an die Basilika »Sankt Paul vor den Mauern«. Dort gehen wir zur Apsis und schauen hinauf zu der herrlichen Christusdarstellung. Was sehen wir da an Christi rechtem Fuß: ein weißes Etwas. Bei genauem Hinschauen sehen wir, dass es ein Papst ist, der sich niederbeugt und Christus den Fuß küsst.

Neben dem »weißen Etwas« steht auf schwarzem Grund der Name des Papstes.

Ja – es ist schon erstaunlich, wie ein Papst hier dargestellt ist. Denn man sieht ja in Rom an allen Ecken und Enden Papststatuen und Papstbilder. Überall ist er dargestellt als ein übermächtiger Herrscher und als überragende Persönlichkeit. Oft wird er gezeigt mit päpstlicher Tiara, mit Krone, mit Herrscherstab und königlichem Mantel und oft auch mit Heiligenschein.

Man kann verstehen, dass kritische Katholiken und Protestanten diesen römischen Papstkult skeptisch sehen. Petrus sollte doch nicht herrschen, sondern dienen. Er sollte der Knecht aller sein und nicht der Herrscher über alle.

Wie glücklich sind jetzt die »Nordlichter«, dass hier mal ein Papst so dargestellt wird, wie sie es sich wünschen: als Diener des wahren Königs Jesus Christus.

Apsismosaik in St. Paul vor den Mauern

Bleiben wir also eine Weile stehen oder setzen uns und denken ein wenig nach: Durch Jahrhunderte war die Menschheit geprägt durch Monarchien, durch Könige und Kaiser. Die Menschen fanden es selbstverständlich, dass eine persönliche Autorität die Geschicke der Gemeinschaft regelte. Dass es in Athen und Rom mal eine Demokratie gegeben hat, war vergessen oder verdrängt. Die Menschen wollten eine Persönlichkeit, zu der sie aufschauen konnten.

So stellten sie sich auch den obersten Stellvertreter Christi auf Erden, den Papst, wie einen Herrscher vor. Sie wollten zu ihm aufschauen, wollten von ihm geführt werden, wollten Weisungen von ihm erhalten und eine Antwort auf kritische Fragen um Himmel und Erde. Daher zeigten die Künstler die Päpste als Könige und Herrscher, als übermenschliche Autoritäten.

Doch mit der Zunahme der Bildung und des Reichtums entdeckten die Bürger die Fehler der Herrscher. Sie wollten selbst das Schicksal des Gemeinwesens bestimmen, wollten

Demokratie. So wünschen sich die Christen heute einen Papst auch als Bruder, als Freund und Gefährten, sogar als Diener, aber nicht als Herrscher. Nicht nur Stolz und Herrschsucht setzte die Päpste auf Throne, sondern die Überzeugung der Gläubigen. Aber der Heilige Geist wirkte in den Gläubigen und erinnerte sie daran, dass Jesus als Diener kam und seine Apostel zu Dienern machte.

Es gibt also auch Fortschritte in der Erkenntnis der christlichen Wahrheiten. Der Geist weht, wo er will. Neben allem säkularen Sturm, gibt es auch das Wehen des Geistes. Bleiben wir vor dem lehrenden Christus in der Apsis und lassen uns vom heiligen Geist antreiben!

Ein Blick in den Kreuzgang von Sankt Paul zeigt uns, dass auch Architekten den Geist Christi haben können.

Wir schließen diesen Besuch mit dem »Hohen Lied der Liebe« aus dem 1. Korintherbrief des Apostels Paulus:

»Wenn ich in den Sprachen der Menschen und Engel redete,
hätte aber die Liebe nicht,
wäre ich dröhnendes Erz und eine lärmende Pauke.
Und wenn ich prophetisch reden könnte
und alle Geheimnisse wüsste
und alle Erkenntnisse hätte;
wenn ich alle Glaubenskraft besäße,
und Berge damit versetzen könnte,
hätte aber die Liebe nicht,
wäre ich nichts.
Und wenn ich meine ganze Habe verschenkte,
und wenn ich meinen Leib opferte, um mich zu rühmen,
hätte aber die Liebe nicht,
nützte es mir nichts.

Denn Stückwerk ist unser Erkennen,
Stückwerk unser prophetisches Reden;
wenn aber das Vollkommene kommt,
vergeht alles Stückwerk.

Jetzt schauen wir in einen Spiegel
und sehen nur rätselhafte Umrisse,
dann aber schauen wir von Angesicht zu Angesicht.
Jetzt ist mein Erkennen Stückwerk,
dann aber werde ich durch und durch erkennen,
so wie ich auch durch und durch erkannt worden bin.
Für jetzt bleiben Glaube, Hoffnung, Liebe, diese drei;
doch am größten unter ihnen ist die Liebe.«

(1 Kor 13,1–3.9.12–13)

38.
HERMINE SPEIER
Konvertierte Jüdin

Heute begegnen wir einem Unikum im Vatikan und suchen dazu ihr Grab am deutschen Friedhof im Vatikan auf. Die Jüdin Hermine Speier, geboren 1898 in Frankfurt, war eine der ersten Frauen, die im Vatikan angestellt wurde. Sie hatte an der Universität Heidelberg Archäologie studiert und kam mit bedeutenden Wissenschaftlern in Kontakt, so mit Karl Jaspers und Ludwig Curtius. Ihr erstes Arbeitsfeld war an der Universität Königsberg. Ihr Doktorvater Curtius holte sie dann mit nach Rom an das Deutsche Archäologische Institut, wo sie die Fototek aufbaute.

Als Juden ab 1933 aus dem deutschen Staatsdienst entfernt wurden, und Hermine Speier 1934 ihre Stelle an dem staatlichen Institut in Rom verlor, nahm sie Papst Pius XI. mit Freude in seinen Dienst. Die Archäologin wurde die erste Fotothekarin der Vatikanischen Museen. 1939 ließ sie sich taufen, was aber keine Flucht vor dem italienischen Rassismus war. Für eine Nacht musste sie auch ins Gefängnis, konnte aber befreit werden. Zwei Jahre später schlug sie das Angebot des Vatikans aus, mit 3.000 weiteren getauften Juden nach Brasilien zu entkommen. Als Rom von den deutschen Nazis besetzt war, wurde Frau Speier in den Priscilla-Katakomben versteckt. In dieser Zeit wurden rund 1.000 jüdische Bürger von Rom nach Auschwitz deportiert und ermordet. Nach dem Krieg blieb Hermine Speier ihren Dienstherren, den Päpsten, treu. Sie wirkte bis zu ihrer Pensionierung an den Vatikanischen

Grabstein von Hermine Speier auf dem Campo Santo Teutonico

Museen und gab danach noch einen vierbändigen Kunstführer für klassische Altertümer in Rom heraus. Sie starb 1989 in der Schweiz.

Hier Texte und Zitate aus der Biographie Hermine Speiers mit dem Titel »Monsignorina« aus der Feder von Gudrun Sailer.

Eine Freundin von Hermine schreibt:
»*Die vorherrschende Mentalität war zu jenem Zeitpunkt an der Kurie und überhaupt beim Großteil der katholischen*

Welt von einem tiefen Antijudaismus gekennzeichnet, der in vergangenen (und auch in neueren) Divergenzen religiöser und auch politisch-kultureller Art wurzelte. Für viele war es sicher nicht einfach, einen solchen geistigen Mantel abzustreifen und im Juden den ›großen Bruder‹ zu sehen, den es zu respektieren und, besonders in jenem heiklen Moment, zu schützen galt.«[66]

Ein Arbeitskollege von Hermine Speier schreibt in seinem Tagebuch:
»*Samstag 13. Mai 1939. Heute Morgen hat sich in der Kirche San Anselmo auf dem Aventin Fräulein Hermine Speier – deutsche Reichsbürgerin – zum Christentum bekehrt. Eine erlesene Schar an Persönlichkeiten war anwesend ... Eine höchst suggestive und berührende Zeremonie, von bewundernswerter spiritueller Tiefe; besonders die Taufe. Eine weitere gute und wissende Seele – bekehrt zu unserem Gott der römischen Katholizität. Speier hat die Taufe, die Erstkommunion und die Firmung empfangen.*«[67]

Hermine Speier engagiert sich nach dem Krieg für den früheren deutschen Botschafter beim Vatikan, Ernst von Weizsäcker, der wegen Kollaboration mit den Nazis angeklagt war. Sie hält ihn für unschuldig. Zu seiner Verteidigung schrieb sie: »*Ich habe während der Jahre 1944 und 1945 im Hause des damaligen Botschafters Frhr. Ernst von Weizsäcker häufig verkehrt, aber bei ihm niemals eine Spur antisemitischer Anschauungen festgestellt. In Gesprächen erfuhr ich, dass Botschafter Frhr. von Weizsäcker während der deutschen Besatzungszeit darüber unterrichtet war, dass in zahlreichen Klöstern und anderen geistlichen Häusern Roms Juden versteckt waren. Er schützte die Immunität dieser Häuser gegen Eingriffe der Besatzungsmacht und rettete dadurch vielen Gefährdeten das Leben.«*[68]

An Marianne von Weizsäcker, die Frau des Botschafters, schreibt Hermine Speier:

»Es wird Sie gewiss interessieren, dass ich gerade in orthodoxen jüdischen Emigrantenkreisen – ich erzählte Ihnen ja wohl früher, dass ein Teil meiner Familie ja noch ganz orthodox ist – nach Ihrem Herrn Gemahl gefragt wurde, da man dort von seiner Hilfsbereitschaft und seiner Haltung gegenüber dem Nazitum gehört hatte.«[69]

Aus dem Brief des Apostels Paulus an die Galater
Nicht mehr ich lebe, Christus lebt in mir. *(Gal 2,20)*

Adresse: Campo Santo Teutonico im Vatikan,
00120 Città del Vaticano

39.
DIE KIRCHEN VON »TRE FONTANE«
Nahöstlicher Kulturpräger

Wollen Sie heute mitkommen an einen erstaunlichen Ort, ein wenig außerhalb von Rom? Zu den »Tre fontane«, den drei Quellen? Die drei Quellen sollen an den drei Stellen entsprungen sein, wo bei der Enthauptung des Apostels Paulus sein Kopf dreimal aufgeschlagen sei und Blut hinterlassen habe. An diesen drei Stellen stehen heute drei Kirchen. Und sie gehören alle zu einem Trappistenkloster mit dem Namen »Tre fontane«. Schon im 1. Jahrhundert nach Christus soll hier diese Anlage gegründet worden sein.

Machen Sie sich bitte keine zu romantische Vorstellung von dem ganzen Komplex. Die drei Kirchen sehen sehr unterschiedlich aus, und sie liegen so weit auseinander, dass das Haupt des Apostels wirklich riesige Sprünge gemacht haben müsste, um an den drei Plätzen angekommen zu sein. Wir kommen hierher, um mit den Trappistenmönchen ein wenig über den heiligen Paulus nachzudenken und mit ihm zu beten.

Nach meiner Ansicht ist der Apostel Paulus Grund dafür, dass die Kultur Europas wesentlich von Jesus Christus geprägt wurde. Paulus wurde ja in einer Vision nach Griechenland, also nach Europa beordert. Die innere Stimme hätte ihn auch in das hoch zivilisierte Ägypten oder nach Persien schicken können. Aber sie schickte ihn nach Europa. Griechenland war seine erste Station auf dem Weg nach Europa. Die Griechen

Paulus vor seiner Enthauptung, Detail von einem Sarkophag des 4. Jhs.

besaßen ja schon eine riesige kulturelle Tradition, als Paulus zwischen den Jahren 40 und 50 nach Christus nach Athen gekommen ist. Paulus knüpft für das Gespräch mit den nachdenklichen, weisen Griechen, wohl oft ältere Herren, auf dem Areopag an ihre eigenen kulturellen Traditionen an. Er berichtet, dass er eine Inschrift auf einem Altar gelesen habe, die diesen einem unbekannten Gott widme und sagt, diesen Gott wolle er jetzt verkünden. Mit der Auferstehung der Toten können sie allerdings nichts anfangen und lassen Paulus wissen: »Darüber wollen wir dich ein andermal hören.« (Apg 17, 22-33)

Paulus schrieb in seinem Brief an die Römer, er wolle endlich auch einmal in die Stadt der Kaiser, also nach Rom, kommen. Und in der Apostelgeschichte hören wir dann von seiner Ankunft in Rom. Seltsamerweise bricht dann die Lebensbeschreibung des Völkerapostels ab. In der Tradition heißt es, dass er in Rom das Martyrium erlitten habe. Er sei unter Kaiser Nero mit dem Schwert enthauptet worden. So steht es in den »Paulusakten«, die aus dem 2. Jahrhundert nach Christus stammen. Seine Enthauptung könnte im Jahr 64 stattgefunden haben, als Nero die Christen ermorden ließ, weil sie nach seiner Interpretation den Brand Roms angezettelt hatten. Paulus durfte als römischer Bürger nicht gekreuzigt werden. Das Grab des Apostel Paulus wird in der Basilika Sankt Paul vor den Mauern verehrt.

Nun sind wir hier bei den »Tre fontane«, wir setzen uns auf eine Steinbank vor einer der Kirchen und denken über Paulus nach. Es ist schon ein weltgeschichtliches Phänomen, dass Paulus gerade nach Europa kam. Europa erfuhr als erster Kontinent vom jüdisch-christlichen Menschenbild und damit von der Würde des Menschen als Abbild und Kind Gottes. Die Idee der Menschenrechte wurde aufgrund der Überzeugung von der Menschenwürde erstmals in Europa »entwickelt«. Und dies, weil die Europäer durch Paulus Jesus Christus kennengelernt haben. Auf Jesus und seinen Ahnen Moses geht die Vorstellung zurück, dass jeder Mensch ein Geschöpf Gottes ist, der Arme ebenso wie der Reiche, die Frau ebenso wie der Mann, der Gebildete ebenso wie der Ungebildete. Und auf diesen Christus geht die Überzeugung zurück, dass der Besitzende verpflichtet ist, dem Bettler zu helfen. Eine Sozialordnung kam durch den »Postboten« Paulus nach Europa, der die »Message« Christi zu uns brachte. Paulus war zutiefst von Christus ergriffen und stellte sein ganzes Leben in den Dienst dieser menschlichen Erscheinung Gottes in der Welt. Er schrieb »Nicht mehr ich lebe, Christus lebt in mir«

(Gal 2,20). Mit dem Glauben an Christus kam auch eine Kultur nach Europa, das jüdisch-christliche Menschenbild und deren Gesellschaftsordnung.

Daher können wir hier auf der Steinbank in »Tre fontane« gen Himmel rufen: »Danke, lieber Paulus, dass du die Märsche und Leiden auf dich genommen hast. Und danke, Herr Jesus Christus, dass du dich für deine Sache hast ans Kreuz schlagen lassen.« Schauen wir in den blauen römischen Himmel und schicken im Schweigen und Meditieren unseren Dank gen Himmel. Und bitten wir hier in »Tre fontane« den Herrn des Himmels und der Erde, dass die Europäer den Mann am Kreuz, der auch der Auferstandene ist, nicht vergessen. Es ist höchste Zeit dafür. Rom ist der Ort, sich der Geschichte Europas zu entsinnen.

Und nun wenden wir uns noch den Trappisten zu. Was sind das für Mönche? Sie sind die strengere Form der Zisterzienser. Diese gehen im Wesentlichen auf den heiligen Bernhard von Clairvaux zurück, auch wenn er nur der Reformer, nicht aber der Gründer der Zisterzienser war. In beiden Orden geht es um Gebet und Kontemplation und Arbeit. Das benedektinische Reformkloster Cluny in Burgund war ein Ursprungsort für den Geist der Zisterzienser und damit auch der Trappisten.

Wenn man diesen Mönchen gerecht werden will, kann man nur sagen: Europa wäre ohne sie nicht das geworden, was es einmal wurde. Denn ihr »Urvater«, der heilige Benedikt, schaffte schon um das Jahr 530 den Ausstieg aus einem dekadenten, spießbürgerlichen Rom und machte eine »Kulturrevolution«. Auf ihn geht das Motto zurück: »Bete und arbeite.« Christen sollten Himmel und Erde durch Gebet und Arbeit verbinden. Sie sollten sich ebenso ins Evangelium vertiefen wie die Erde ernst nehmen. Meditation und Arbeit, Erhebung des Geistes zu Gott sowie Niederbeugung zur Arbeit in Feld und Wald, in Buch, Bauwerk und Kunst. Auch die Denker sollten körperlich arbeiten und die körperlich Arbeitenden sollten sich auch zum Himmel erheben. Das sind die Grundlagen der Kultur Europas. Daran denken wir in »Tre fontane« und danken Gott für den Segen, den er der Welt durch Mönche schickte. Wehe der heutigen Welt, wenn das Mönchtum aussterben würde!

Aus dem Brief des Apostels Paulus an die Philipper
»Doch was mir ein Gewinn war,
das habe ich um Christi Willen für Verlust gehalten.
Ja noch mehr: Ich halte dafür, dass alles Verlust ist,
weil die Erkenntnis Christi Jesu, meines Herrn, alles überragt.
Seinetwegen habe ich alles aufgegeben und halte es für Unrat,
um Christus zu gewinnen und in ihm erfunden zu werden.
Nicht meine Gerechtigkeit will ich haben,
die aus dem Gesetz hervorgeht,
sondern jene, die durch den Glauben an Christus kommt,
die Gerechtigkeit, die Gott schenkt aufgrund des Glaubens.«

(Phil 3,7–9)

Karl Rahner schlägt vor zu beten:
»Christus, lebe du in mir.
Unterwirf mein Leben den Gesetzen deines Lebens.
Mach mein Leben deinem Leben gleich.
Lebe du in mir, bete du in mir, leide du in mir.
Mehr verlange ich nicht.
Denn wenn ich dich habe, bin ich reich.
Wer dich gefunden hat, hat die Kraft und den Sieg
seines Lebens gefunden.«[70]

Adresse: Via di Acque Salvie, 1, 00142 Roma

40.
BASILIKA SANTA SABINA
Eine der ältesten Kreuzigungsdarstellungen der Welt

Heute müssen wir ein wenig bergsteigen. Wir wandern auf den Aventin-Hügel. Von dort aus sieht man über den Tiber hinüber auf den Gianicolo-Hügel, zu Garibaldi hoch zu Ross und auch nach Sankt Peter. Hier oben wohnen die »Schönen und die Reichen«, aber auch die Malteser-Ritter und die Benediktinerklöster haben hier ihre Hauptquartiere. Wir aber gehen zur Basilika Santa Sabina und bleiben vor der großen schwarzen Türe aus Zypressenholz stehen. Denn an ihr sehen wir eine der ältesten erhaltenen Darstellung Christi im Kreuz.

Diese Darstellung der Kreuzigung Christi zusammen mit den »Schächern« stammt etwa aus dem Jahr 430. Zu dieser Zeit war es noch unüblich, den gekreuzigten Christus zu zeigen, da die Zeit der Todesstrafen durch Kreuzigung erst kurz zurücklag. Daher stellte der Künstler das Kreuz selbst nicht dar und zeigte die drei Männer mit ausgebreiteten Armen, in der sogenannten »Orantenhaltung«, der Haltung von Betenden. Die Quader im Hintergrund und die Dreiecksgiebel deuten an, dass die Szene sich vor den Mauern vor Jerusalem abspielte.

Die Bedeutung des Kreuzes
Erlauben Sie mir hier einen Sprung in die Gegenwart: Damals zeigte man die Kreuzigung Christi nicht in der Öffentlichkeit, während das Kreuz als Symbol schon lange dargestellt wurde.

Holztür von S. Sabina, Darstellung der Kreuzigung Christi

Heute wird in Europa darüber gestritten, ob das Kreuz Christi in öffentlichen Gebäuden aufgehängt werden soll oder nicht. Seit frühchristlicher Zeit begannen die Christen, Kreuze ohne oder mit dem Leib Christi aufzuhängen, aufzustellen, Kreuze auf Bildern darzustellen. Sie sahen im gekreuzigten Christus das Zeichen schlechthin für den christlichen Glauben, für den Glauben, dass Christus der Erlöser der Menschen und der ganzen Welt ist.

Dieser Glaube hat die Kultur und Gesellschaftsordnung ganz wesentlich geprägt. Das Kreuz Christi ist heute noch auf hunderttausenden von Kirchtürmen zu sehen, auf Berggipfeln, an Hauswänden, an Wegkreuzungen. Aber immer mehr sonst gut ausgebildete Europäer wissen kaum, wie der Mann am Kreuz heißt, oder dass er eine wesentliche Quelle des sozialen Gedankens in Europa ist.

Die Kirche hat Jesus Christus am Kreuz auch vielfach falsch verstanden und zu politischen Zwecken missbraucht. »In hoc signo vinces« – »In diesem Zeichen wirst du siegen.« Dieses Wort hat angeblich im Jahr 312 Kaiser Konstantin mit seinem Heer vor der Schlacht an der Milvischen Brücke gesehen und dann den Gegenkaiser Maxentius geschlagen. Das Kreuz ist das Symbol schlechthin des Christentums. Jeder Japaner, Chinese und Inder, der den Boden Europas betritt, wird es als typisches Symbol Europas erkennen. Ich sage hier an der Türe von Santa Sabina: »Wehe, wenn eines Tages die meisten Europäer nicht mehr wissen, wie der Mann am Kreuz heißt.« Wir müssen es weiterhin aufhängen, wenn wir unsere europäische Identität bewahren wollen.

Wir verabschieden uns von dieser Kreuzesdarstellung mit dem Gebet:

»Wir beten dich an,
Herr Jesus Christus,
und preisen dich,
denn durch dein heiliges Kreuz
hast du die Welt erlöst.«[71]

Hymnus auf das heilige Kreuz Christi

»O du hochheilig Kreuze,
daran mein Herr gehangen
in Schmerz und Todesbangen.

Allda mit Speer und Nägeln
die Glieder sind durchbrochen,
Händ, Füß und Seit durchstochen.

Wer kann genug dich loben,
da du all Gut umschlossen,
das je uns zugeflossen.

Du bist die sichre Leiter,
darauf man steigt zum Leben,
das Gott will ewig geben.

Du bist das Siegeszeichen,
davor der Feind erschricket,
wenn er es nur anblicket.

Du bist der Stab der Pilger,
daran wir sicher wallen,
nicht wanken und nicht fallen.

Du bist des Himmels Schlüssel,
du schließest auf das Leben,
das uns durch dich gegeben.

Zeig deine Kraft und Stärke,
beschütz uns all zusammen
durch deinen heilgen Namen.«[72]

Adresse: S. Sabina, Piazza Pietro D'Illiria, 1, 00153 Roma

41.
SAN ANDREA DELLE FRATTE
Ein Jude wird Christ

Nicht weit vom Quirinalspalast, dem Amtssitz des italienischen Präsidenten, befindet sich die Kirche »San Andrea delle fratte«. Ein seltsamer Name, eine seltsame Kirche, aber ein bedeutungsvoller Ort. »Delle fratte« bedeutet etwa »zu den durch Reisig und Dornbüsche unwegsamen Orten«. Das aber nur, um die Frage kurz zu erledigen, woher der seltsame Name kommt.

Für mich hat die Kirche größte religiöse und spirituelle Bedeutung. Aber damit die Kunst und Kulturliebhaber auch noch auf ihre Rechnung kommen, hier diese Hinweise: Sie hat einen höchst extravaganten Kirchturm, der vielleicht auch hilft, sie auf dem Weg zur Fontana di Trevi zu finden. Im Inneren werden sich Kunstfreunde an zwei Statuen von Gian-Lorenzo Bernini ergötzen, nämlich zwei Engeln, die wie auf der Engelsbrücke Leidenswerkzeuge Christi in Händen halten. Für Kenner moderner Kunst: Die Kirche beherbergt Grabmäler der klassizistischen Malerin Angelika Kaufmann, die im schweizerischen Chur 1741 geboren wurde und 1807 in Rom starb und des deutschen Bildhauers Rudolf Schadow, der von 1786 bis 1822 hier in Rom gelebt hat.

Die Kirche wirkt seltsam: Der Hauptaltar befindet sich auf der Längsseite. Der Kirchenraum ist voll von Kunst, doch alles ist ein wenig verwirrend. Aber die Kunst lockt mich nicht hierher, sondern vor allem Alphons Ratisbonne. Vermutlich haben die meisten Leser noch nie von ihm gehört. Ratisbonne war

S. Andrea delle Fratte, Büste des Alphonse Ratisbonne

ein hochgebildeter Anwalt jüdischen Glaubens aus Straßburg. Geboren 1814, gestorben 1884 in Jerusalem. Am 20. Januar 1842 wurde er hier gleichsam vom Blitz getroffen. Denn er wurde mit einem Schlag von einem Spötter und Verächter des Christentums zu einem glühenden Christen und darüber hinaus Verkünder des Glaubens an Christus unter den Juden.

Letztlich ist das Geschehen kaum zu erklären, aber ich möchte es versuchen. Auf der Reise in den Nahen Osten kam er 26-jährig nach Rom, wurde hier von einem französischen engagierten Katholiken, Theodor de Bussière, eingeladen und in ein langes Gespräch über Glaubensfragen verwickelt. Ratisbonne schreibt später über seinen Gastgeber: »Ich betrachtete ihn als einen heuchlerischen Frömmler im schlimmsten Sinn dieses Wortes und war froh, ihn im Gespräch wegen der Lage der römischen Juden verhöhnen zu können. Das war für mich förmlich eine Erleichterung. Aber meine Angriffe auf die katholische Kirche lenkten nun unser Gespräch auf das religiöse Gebiet. Der Baron sprach nun von der Erhabenheit der katholischen Kirche, während ich darauf nur mit ironischen Bemerkungen und Anschuldigungen gegen die Kirche reagierte, wie ich solche von den Gegnern des christlichen Glaubens gehört oder in ihren Schriften gelesen hatte.«[73] Der Gastgeber war ein wenig frech, sogar kühn und fragte Ratisbonne: »Da Sie ja nicht an unsere Sachen glauben, haben Sie den Mut, diese Marienmedaille umzuhängen und dies Gebet zu sprechen, das ich ihnen gebe?« Um endlich Ruhe zu haben, ergab sich Ratisbonne, hängte sich die Medaille um, verabschiedete sich und ging abends ins Theater. An den nächsten Tagen bemerkte er, wie er unbewusst immer den vorgeschlagenen Gebetstext, das »Memorare« mit den Anfangsworten »Gedenke, o mildreichste Jungfrau....« wiederholte.

Am Tag vor seiner Abreise begleitete er aber seinen Gastgeber Bussière nochmals nach »Andrea delle fratte«. Dieser ging kurz in die Sakristei und fand bei seiner Rückkehr Ratisbonne vor einer Seitenkapelle auf dem Boden kniend. Als er ihn anstieß, war er tränenüberströmt, küsste die Madonna auf der Medaille und bat, so schnell wie möglich getauft zu werden.

Ratisbonne wurde Priester, trat in den Jesuitenorden ein, gründete zusammen mit seinem ebenfalls konvertierten Bruder Theodor Hilfseinrichtungen für jüdische arme Kinder im Heiligen Land. Er verließ wegen dieses Engagements mit Erlaubnis des Vatikans den Jesuitenorden wieder und arbeitete bis zu seinem Lebensende 1884 im sozialen Bereich im Heiligen Land bei den Sionsschwestern. Darf ich Ihnen vorschlagen: Wenn Sie einmal in Rom sind, besuchen Sie Alphonse

Ratisbonne und bitten sie ihn um Hilfe für das Verhältnis zwischen Christen und Juden.

Ich stelle mich vor die Büste von Alphonse Ratisbonne in der Kirche, schaue zu ihm auf und frage ihn:

Frage: »*Wie siehst du heute das Verhältnis von Juden und Christen? Wir Christen haben euch Juden fast 2000 Jahre lang geschmäht, verachtet, als Gottesmörder bezeichnet, euch in die Hölle gewünscht. War das nur unsere Christendummheit oder war es Bosheit? Waren wir von unseren Theologen fanatisiert und dann blind? Kann man den christlichen Theologen die Schuld dafür in die Schuhe schieben, dass die meisten Christen die Juden verachteten und wie Dreck behandelten? Haben die Christen nicht gelernt, dass sie alle Menschen lieben sollen, gerade auch die Feinde oder die Menschen, die anderer Meinung sind? Wer war eigentlich schuld daran, dass die Juden so von den Christen verachtet und schlecht gemacht wurden? Nochmal, war es nur Dummheit oder Bosheit? War es falsche Theologie? Oder muss man gar sagen: War es ein Werk des Teufels, des Verführers, des Diabolos? Man muss sich ja an ganz einfache Tatsachen erinnern: Die Hohepriester in Jerusalem wollten Jesus beseitigen. Sie ließen das Volk aufhetzen. Das Volk hat nicht gedacht, sondern nur gebrüllt. Und es war auch nicht das ganze Volk der Juden, sondern die in Jerusalem versammelten und aufgehetzten. Nicht **die** Juden haben Jesus gekreuzigt, sondern der Heide Pilatus ließ ihn kreuzigen. Die Juden ab dem Jahr 50 etwa können nicht an Jesu Tod schuld gewesen sein. Erst recht nicht die Juden der späteren Jahrhunderte. Was ihnen vorgeworfen wurde, war streng genommen nur, dass sie nicht Christen geworden waren.*

Und wenn man ein wenig weiterdenkt, kann man ja noch verstehen, dass die Christen in den ersten Jahrhunderten die Heiden, also die alten Römer und Germanen und Franken und Angelsachsen taufen wollten, denn sie wollten sie vor der Verdammung retten. Aber, dass man das Volk Jesu so schlimm behandelte, das ist eigentlich nicht leicht zu verstehen. Christen mussten sich ja auch sagen: Jesus war ein Jude, Maria war Jüdin, alle Apostel waren Juden, die ersten Christen waren Juden.
Warum waren die Christen so verblendet? Weißt Du, Alphons Ratisbonne, weißt du eine Antwort?«

Er schweigt. Wir schauen lange einander in die Augen. Schließlich geht mir auf: Christsein ist eine Gnade, sein Leben an Jesus Christus festmachen, ist eine Gnade. Man kommt nicht nur durch rationale Überlegung zu der Überzeugung, dass der junge Jude aus Nazareth der Sohn Gottes ist, der Erlöser der Welt.

Nun flüstert mir Ratisbonne zu:
»Ich kam nicht durch Nachdenken dazu mich niederzuwerfen. Es hat mich umgehauen. Ich weiß nicht, wie das kam. Aber es war wohl gut, dass ich vorher, jahrelang, mich mehr oder weniger intensiv mit dem Christentum herumgeschlagen habe. Die Christen waren für mich, den Juden, eine Provokation. Ich habe sie nicht links liegen gelassen. Ich habe schlecht über die Christen gedacht, weil mich das Christentum beunruhigt hat. Das Christentum, die Kirche waren mir nicht gleichgültig, sondern ärgerlich.«
Und nun flüstert Ratisbonne weiter:
»Ihr heutigen Christen oder auch ihr Nichtchristen – ihr müsst denken, Fragen stellen. Ihr dürft nicht gleichgültig in den Tag

hineinleben. Wenn ihr nur Autos bauen und mit Geld umgehen könnt, aber nicht über den Sinn des Lebens, über den Sinn der religiösen Streitfragen, über die Tragödien nachdenkt, dann seid ihr nicht auf der Höhe der Zeit. Denken ist angesagt und ihr dürft nicht nur wiederholen, was die öffentliche Meinung sagt, was die Medien euch sagen. Wer heute Christ sein will, muss denken und kritische Fragen stellen. Nur wer Fragen stellt, kommt zum Glauben. Aber, dass es einen umhaut wie mich, das kann man nicht organisieren.«

Und ich frage ihn: »*Wie sollen Christen und Juden heute miteinander umgehen?*«

Ratisbonne meint: »*Sie müssen einander ehrlich respektieren, kennenlernen. Beide müssen selbst ihren eigenen Glauben ernst nehmen. Leider tun dies viele Juden nicht, ebenso wie es viele Christen nicht tun. Sie sollten sich der Urteile über einander enthalten. Gott ist ein Gott des Mysteriums, des Geheimnisses. Ein Satz vom jüdischen Apostel Paulus aus seinem Brief an die Römer ist wichtig für das Verhältnis von Christen und Juden. Paulus liebt seine jüdischen Landsleute, er wünscht, dass sie ihr Heil finden in ihrem Landsmann Jesus Christus:*
›*Ich sage in Christus die Wahrheit und lüge nicht und mein Gewissen bezeugt es mir im Heiligen Geist: Ich bin voll Trauer, unablässig leidet mein Herz. Ja, ich wünschte selbst verflucht zu sein, von Christus getrennt, um meiner Brüder willen, die der Abstammung nach mit mir verbunden sind. Sie sind Israeliten; ihnen gehören die Sohnschaft, die Herrlichkeit und die Bundesschlüsse; ihnen ist das Gesetz gegeben, der Gottesdienst und die Verheißungen; ihnen gehören die Väter und ihnen entstammt der Christus dem Fleische nach. Gott, der über allem ist, er sei gepriesen in Ewigkeit.*‹ *(Röm 9,1)*«

Und nun wird Ratisbonne noch ein wenig nachdenklich: »*Für viele Katholiken aus Mitteleuropa mag alles, was wir hier besprochen haben, noch annehmbar sein. Nun muss ich aber anfügen, was den Nordchristen fremder ist: Die entscheidende Rolle in meiner Umkehr zum Christentum spielte Maria, die Mutter Jesu. Warum das so war, weiß ich nicht. Meine ganze Kehrtwende ist ein Wunder für mich. Im Zentrum stand das Marienbild und das Gebet zu Maria, das Memorare.*«

Erlauben Sie mir hier noch ein kleines Gebet im Sinn des Alphonse Ratisbonne:
»Vater unseres Herrn Jesus Christus. Du hast das Volk der Juden besonders begnadet und auserwählt. Aus ihm gingen Moses und David und Jesaja hervor. Und aus ihm stammen Maria, Josef und Jesus. Lass die modernen Menschen erkennen, welche Werte die Religionen der Juden und der Christen der Menschheit geschenkt haben. Lass die Menschen von heute erkennen, dass religiöser Glaube nicht nur dem einzelnen Menschen hilft ein humanes Leben zu führen, sondern auch Völkern, Gesellschaften, Staaten. Hilf uns, dass Jesus Christus zu einem Bindeglied wird zwischen Christen und Juden, eine Brücke und keine Trennwand. Gib Christen und Juden Deinen Heiligen Geist, dass sie erkennen, was Recht ist. Amen."

Adresse: Via di Sant'Andrea delle Fratte, 1, 00187 Roma

42.
SAN GIUSEPPE DEI FALEGNAMI
Unprofessionelle Schreiner

Heute geht's zum Heiligen Josef! Er scheint mir in Rom eher ein »Fremder« zu sein. Er passt irgendwie nicht zu den unzähligen römischen Heiligen. Liegt das vielleicht daran, dass er der einzige Heilige ist, oder zu sein scheint, der kein Christ war? Halt! War Josef kein Christ? Ja – wenn man ein wenig darüber nachdenkt, muss man sagen: Er war vielleicht ein »anonymer Christ«. Denn er war ja wohl nicht getauft, gehörte nicht zu einer christlichen Gemeinde. Er war »nur« heilig. Sehr heilig.

Es gibt in Rom eine relativ unbekannte Josefskirche – noch dazu mitten in der Stadt, leicht zu erreichen. Josef war bekanntlich ein Zimmermann, ein Schreiner. Aber die Schreiner, die das Dach der Josefskirche vor Jahren gebaut haben, hatten offenbar ihre Grenzen. Denn: am 30. August 2018 stürzte das Dach der Kirche plötzlich ein. Und dies, obwohl das Gotteshaus die Kirche der Zimmerleute, der Schreiner, ist. Sie heißt mit vollem Namen »San Giuseppe dei Falegnami« – »Heiliger Josef der Schreiner«.

Vielleicht wollte der heilige Josef, dass seine Kirche endlich mal von Pilgern besucht wird. So stand in allen Zeitungen Italiens und der halben Welt, dass soeben das Dach der römischen Josefskirche plötzlich eingestürzt war.

Mich aber interessiert eher das, was ich als »Fremdheit« des heiligen Josef hier in Rom empfinde. Josef passt irgend-

San Giuseppe dei Falegnami, Apsis mit Figur des heiligen Josef

wie nicht ganz in das glänzende, herrliche und herrschaftliche Rom. Er ist und bleibt der Mann aus Nazareth. Josef hat vermutlich nicht viel gesprochen. Wohl aber hatte er Zweifel, was er mit Jesus machen sollte. Antwort auf seine Zweifel bekam er in Träumen. Da er also eher stumm war, möchte ich ihm meine Gedanken vortragen und bin sicher, dass er zuhört:

»Lieber heiliger Josef. Warum habe ich den Eindruck, dass Du hier in Rom ein Fremder bist? Bist du unter den Heiligen der einzige Demütige, Bescheidene, Schweigsame, Gehorsame? Sind denn die anderen Heiligen alle laut und angeberisch, umtriebig, revolutionär? Das kann man ja wohl nicht sagen. Es ist schon seltsam: Es gibt

in Rom unzählige wunderschöne Darstellungen von Maria. Aber du fehlst darauf. Du warst doch ihr Verlobter und hast sie, nach der heiligen Schrift, zu dir genommen. Haben die großen christlichen Denker dich weg-gedacht? Die großen Kirchenlehrer: der heilige Augustinus, der heilige Ambrosius, der heilige Hieronymus und viele andere. Aber da fällt mir eine Episode ein, von der ich vor Jahren gehört habe: Im 19. Jahrhundert habe ein frommes Mädchen im Petersdom registriert, dass es dort zwar unzählige schöne Altäre gebe, aber es fehle ein Josefsaltar. Und weil sie darauf hinwies, hat man dann in St. Peter an wichtiger Stelle einen Altar zu Ehren des heiligen Josef aufgestellt. Dein Bild ist nicht gerade ein großes Kunstwerk, aber hier wird sehr viel Eucharistie gefeiert und viel gebetet. Heiliger Josef, ich bitte dich: Hilf, dass wir dich und deine Lebensart nicht übersehen, vergessen, verdrängen.«

Gebet um die Fürsprache Josefs des Arbeiters:
»Gott, du Schöpfer der Welt,
du hast den Menschen
zum Schaffen und Wirken bestimmt.
Auf die Fürsprache unseres Schutzpatrons,
des heiligen Josef,
der mit seiner Hände Arbeit
die Heilige Familie ernährte,
gib uns Kraft und Ausdauer,
damit wir deinen Auftrag auf Erden erfüllen
und so den verheißenen Lohn empfangen.
Darum bitten wir durch Jesus Christus, unseren Herrn.«
(Tagesgebet vom 1. Mai)

Adresse: San Giuseppe dei falegnami, Clivo Argentario, 1,
00186 Roma

43.
DIE MÄRTYRER DES 20. UND 21. JAHRHUNDERTS
Weltweite Blutzeugen

Gegen Ende unseres Pilgerweges durch Rom besuchen wir Christen, die in der Moderne wegen ihres Glaubens an Jesus Christus ermordet wurden. Damit sie nicht vergessen werden, hat Papst Johannes Paul II. vor dem Jubiläumsjahr 2000 aus der Kirche auf der römischen Tiberinsel einen Ort des Gedenkens gemacht.

Hier sind Andenken, oder Reliquien, gesammelt von Menschen, die ihren Glauben auch in gefährlichen Situationen lebten und von Gegnern christlicher Einstellungen umgebracht wurden. Es sind die Märtyrer aus der Zeit des Nationalsozialismus, des Kommunismus, der Bekämpfung religiöser und sozialer Haltungen auf allen Kontinenten.

Keineswegs sind hier Andenken von allen Menschen, die ihr Leben für Christus gaben, versammelt, aber doch von den Bekanntesten und Herausragendsten.

Aus dem deutschen Sprachraum sind hier zu sehen:
- Ein Brief von Franz Jägerstätter, der den Dienst mit der Waffe unter Hitler verweigerte und daher 1943 enthauptet wurde.
- Ein Hostienbehälter, in welchem dem Nazigegner und Politiker Eugen Bolz Hostien zur Kommunion vor seiner Enthauptung 1945 ins Gefängnis gebracht wurden.

San Bartolomeo all'isola, von der Ponte Fabricio gesehen

- Ein Brief des evangelischen Pastors und Nazigegners Paul Schneider vor seinem Tod in Buchenwald 1939
- Eine Reliquie von Kardinal Clemens August von Galen von Münster, der energisch gegen die Euthanasie predigte und von den Gläubigen geschützt wurde.
- Ein Stein, der von der SS auf Bischof Josef Sproll geworfen wurde, weil er gegen das Hitlerprogramm und die Euthanasie predigte.
- Ein Brief des Katholiken Heinrich Ruster aus dem KZ Sachsenhausen im Oktober 1942

Aus Ländern des aggressiven, kommunistischen Atheismus
- Aus Polen Reliquien des Priesters Jerzy Popieluszko, der wegen seines großen seelsorglichen und antikommunis-

tischen Erfolges von den Kommunisten gefoltert und ermordet wurde. Seine Beerdigung war ein Massenevent.
- Aus Albanien ein kleines Kreuz, das heimlich unter den Christen verbreitet wurde, um sich gegenseitig zu erkennen, sowie ein Kelch, der für heimliche Messen verwendet wurde. Albanien nannte sich das weltweit erste absolut atheistische Land, und jedes religiöse Zeichen war verboten.
- Aus Russland stammt der Rosenkranz des während der streng kommunistischen Zeit hoch erfolgreichen Seelsorgers und Glaubenszeugen Pater Alexander Men. Seine Gegner wurden auch immer mehr. Im Jahr 1990 wurde er von einem Christengegner erstochen.
- Aus Rumänien ist das Skapulier oder »Schultertuch« des Archimandriten Sofian Boghiu hierher gebracht worden. Der Starez war unter dem kommunistischen Regime für die Christen wegen seiner Spiritualität und Weisheit ein allgemein anerkannter geistiger und geistlicher Bezugspunkt.

Aus anderen Ländern sind Erinnerungsstücke von Männern und Frauen zu sehen, die ihres Glaubens wegen in Europa, Afrika, Lateinamerika und Asien ermordet wurden. Unter anderen sind es: der 1980 am Altar erschossene Bischof Oskar Romero aus El Salvador, der in Argentinien 1976 ermordete Bischof Enrique Angelelli, der Mexikanische Kardinal Posadas, der 1993 umgebracht wurde, weil er sich für die Seligsprechungen der mexikanischen Märtyrer eingesetzt hatte. Reliquien von weiteren Märtyrern in Lateinamerika.

Aus Asien sind es Reliquien von Märtyrern aus der Türkei, aus Armenien, aus Syrien, Pakistan, von den Salomon-Inseln und Kambodscha.

Vom afrikanischen Kontinent stammen Reliquien von Märtyrern aus Burundi, Ruanda, Somalia, aus dem Kongo. Aus

Algerien Erinnerungsstücke der sieben Trappisten aus Tibhirine im Atlas, die sich weigerten, aus ihrer Heimat zu fliehen. Sie wurden 1996 während des Bürgerkriegs entführt und getötet; der Film »Von Menschen und Göttern« machte ihr Schicksal bekannt.

Hier eine kleine persönliche Reflexion über die moderne Kirche der Märtyrer:
»*Das Christentum kam in viele Länder Afrikas, Asiens und auch Lateinamerikas mit den Kolonisatoren aus Europa. Solange die Europäer dort die Macht hatten, waren Christen mehr oder weniger geschützt. Heute werden Christen oft als Fremde empfunden, unterdrückt, vertrieben und auch ermordet. Christen sind Erhebungen zufolge die am meisten verfolgte religiöse Gruppe. Das ist den Europäern noch viel zu wenig bekannt und bewusst.*
Andererseits muss man anerkennen, dass die Vorstellung der Menschenwürde und der Menschenrechte wesentliche Wurzeln im Christentum haben. Das heißt: Die Überzeugung von der Kindschaft Gottes aller Menschen aus dem Judentum und Christentum hat der Menschheit Fortschritte gebracht. Dies müsste den Christen deutlicher bewusst sein. Jesus Christus verspricht seinen Anhängern nicht nur den Himmel, sondern er trägt bis heute durch seine Lehre und Überzeugung auch zur Humanisierung der Menschheit bei. Jesus Christus hat auf den Schultern seines Vorfahren Moses die Welt verwandelt und verbessert. Du sollst nicht nur deinen Nächsten lieben, sondern auch deinen Gegner. Auch wenn Jesu Lehren keineswegs befolgt werden – nicht einmal in der Kirche – so sind sie doch weltweit bekannt und zu Normen der Ethik geworden.
Und auch heute gilt das Wort aus dem Altertum ›Sanguis martyrum semen Christianorum‹ – zu Deutsch: ›Das Blut der Märtyrer ist der Samen neuer Christen‹.

Mutter Teresa betete so:

»Erlöse mich, o Jesus,
   von dem Verlangen, geliebt zu werden,
   von dem Verlangen, gerühmt zu werden,
   von dem Verlangen, geehrt zu werden,
   von dem Verlangen, gelobt zu werden,
   von dem Verlangen, bevorzugt zu werden,
   von dem Verlangen, zu Rate gezogen zu werden,
   von dem Verlangen, anerkannt zu werden,
   von dem Verlangen, beliebt zu sein,

Erlöse mich, o Jesus,
   von der Furcht, gedemütigt zu werden,
   von der Furcht, verachtet zu werden,
   von der Furcht, getadelt zu werden,
   von der Furcht, verleumdet zu werden,
   von der Furcht, vergessen zu werden,
   von der Furcht, ungerecht behandelt zu werden,
   von der Furcht, verspottet zu werden,
   von der Furcht, verdächtigt zu werden.[74]

....

Adresse: Piazza di San Bartolomeo all'Isola, 22, 00186 Roma

44.
SANTA PRASSEDE
Die Geißelsäule Christi

Unser letzter Kirchenbesuch führt uns in die uralte kleine Basilika Santa Prassede, auf Latein Praxedis. Sie liegt nicht weit von der Basilika Maria Maggiore. In ihr beeindrucken die Apsis und die Zenokapelle. In ihr finden wir wundervolle berühmte Mosaiken auf goldenem Hintergrund unter einem Gewölbe. Es überrascht nicht, dass sie als »Paradies-Garten« bezeichnet wurde: ein Ort voller Wunder, die schönste mit Mosaiken dekorierte Kapelle in ganz Rom, deren Raum und Stimmung an mit Mosaiken ausgestattete Räume Ravennas erinnert. Um die Kapelle zu bewundern, ist es empfehlenswert, sie im Dunkeln zu betreten; sobald die Augen sich an die Dämmerung gewöhnen und man die Reflexe der Mosaiksteine zu erahnen beginnt, wird das Einschalten des Lichts das Schimmern des Goldes noch verstärken. Das Gewölbe ist der Höhepunkt: vier elegante Engelsfiguren halten eine Girlande um die Schultern und um den Kopf des Retters.

Uns zieht vor allem etwas ganz Anderes hierher: Die Reliquie, die als Geißelsäule Jesu Christi hier verehrt wird, und vor der man beten kann.

Wir stehen hier heute vor einem Gegenstand, der uns Entsetzen einflößt. Diese Säule wird als die Geißelsäule Jesu Christi verehrt. Natürlich weiß kein Mensch, ob Jesus wirklich an diesen Stumpf gebunden wurde, um gegeißelt zu werden. Aber er erinnert uns immerhin an diese entsetzliche Qual Christi. Wir wollen diesen Anblick eine Weile aushalten und zunächst ein wenig nachdenken.

Santa Prassede, Geißelsäule

Wir wundern uns zunächst einmal, dass dieser Stumpf so kurz ist. Auf den bildlichen Darstellungen der Geißelung sehen wir Christus gewöhnlich an einer langen, hohen Säule. Wenn man ein wenig darüber nachdenkt, muss man leider sagen: Wenn ein Mann mit einem Strick von den Armen an diese kurze Säule gebunden wird, dann muss er sich bücken. Und wenn er sich so bückt, kann man noch viel besser mit der Geißel auf ihn schlagen. Der Gedanke ist entsetzlich, aber wir sollten ihn für ein paar Minuten aushalten. Es kommt dazu, dass einer der Engel auf der römischen Engelsbrücke genau eine solche kurze Geißelsäule in die Höhe hält. Der Künstler wird also diese Reliquie hier gekannt haben, und er hat sie ernst genommen.

Wir können auch noch dies bedenken: Bis vor wenigen Jahren war das Prügeln oder Geißeln von Menschen noch viel selbstverständlicher als heute. Wir sind gottlob sensibler geworden. Bei uns im Westen darf auch ein Strafgefangener nicht geschlagen werden. In arabischen Ländern ist das noch nicht so. Es gibt also nicht nur kulturellen Verfall, sondern auch Fortschritte im Rechtswesen. Auch Kinder dürfen nicht mehr geschlagen werden.

Ich wage die Behauptung: Diese Rechtsentwicklung geht auch auf Jesus Christus zurück. Anhänger der Aufklärung werden dies in Frage stellen. Und ich antworte: Sicher hat auch die Aufklärung, der Humanismus positiv beigetragen, dass die Menschenwürde respektiert wird. Aber lange vor der Aufklärung kam die Idee der Gotteskindschaft jedes Menschen in die Welt. Weil jeder Mensch ein Kind Gottes ist, auch der Verbrecher, darf er nicht unmenschlich behandelt, nicht geprügelt werden. Die Überzeugung, dass jeder Mensch ein Kind Gottes ist, stammt aus dem Judentum und dem Christentum. Jeder Mensch ist Gottes geliebtes Geschöpf, auch der Straftäter.

Durch den gegeißelten Christus ist die Menschheit menschlicher geworden. Wir haben Grund ihm zu danken. Und wir wollen beten:

»Herr Jesus Christus, Du wurdest ausgepeitscht, weil Du vielen Menschen nicht gefallen hast, weil man dich strafen wollte. Pilatus wollte Dich zunächst nicht umbringen lassen, sondern gab dich frei zur Geißelung. Strafe Nummer eins. Dann aber brüllte die aufgehetzte Masse: »Kreuzige ihn.« Dann kam die Todesstrafe. Das Sterben am Kreuz dauerte viele Stunden, vielleicht drei. Das alles, weil Eure Gottesauffassung, Eure Theologie nicht gefiel, weil du anders dachtest als die Profis in Jerusalem. Und man konnte dir nichts vorwerfen. Das ärgerte die Autorität. Und dann kam der Populismus, die Aufhetzung der Masse. Sie wollte Blut sehen. Sie war auch feige. Die Leute, die Dir vorher zugejubelt hatten, waren nun auf der anderen Seite. Und was tust du? Du bittest »Vater, vergib ihnen, denn sie wissen nicht, was sie tun.« Es entsprach deinem Auftrag: Liebt nicht nur eure Freunde, sondern auch eure Feinde. Wir glauben: Durch dein Leiden hast du uns erlöst. Du bist für uns in die Bresche gesprungen, eingetreten. Du hast deinen Häschern gesagt »Wenn ihr mich sucht, so lasst diese gehen«. Die Gemeinschaft derer, die ihr Leben an dir festmachen, bekennt seit 2000 Jahren, dass sie vor ewiger Strafe gerettet sind durch deine Liebe, durch dich, wenn sie sich dir anschließen. Wir sind heil, wenn wir uns hinter dich stellen. Du fängst die Schläge für uns auf. Dein Rücken blutet für mich, für uns. Herr, wir danken dir. Wir versprechen dir unsere Treue. Aber ohne dich können wir nicht treu sein. Sei und bleibe bei uns, wenn wir jetzt dieses Marterwerkzeug wieder verlassen. Herr, wir loben dich und danken dir von ganzem Herzen. Amen.«

Wir möchten vielleicht singen:
O Haupt voll Blut und Wunden,
voll Schmerz und voller Hohn,
o Haupt, zum Spott gebunden
mit einer Dornenkron,
o Haupt, sonst schön gezieret
mit höchster Ehr und Zier,
jetzt aber frech verhöhnet:
Gegrüßest seist du mir.

Wenn ich einmal soll scheiden,
so scheide nicht von mir.
Wenn ich den Tod soll leiden,
so tritt du dann herfür.
Wenn mir am allerbängsten
wird um das Herze sein,
so reiß mich aus den Ängsten
kraft deiner Angst und Pein.

Erscheine mir zum Schilde,
zum Trost in meinem Tod,
und lass mich sehn dein Bilde
in deiner Kreuzesnot.
Da will ich nach dir blicken,
da will ich glaubensvoll
dich fest an mein Herz drücken.
Wer so stirbt, der stirbt wohl.[75]

Adresse: Via di Santa Prassede, 9a, 00184 Roma

WAS NEHMEN WIR AUS ROM MIT?

Hiermit möchte ich mich von Ihnen verabschieden. Schön, dass wir gemeinsam viele bedeutende Persönlichkeiten in Rom kennengelernt haben und mit manchen von ihnen sprechen konnten. Hoffentlich bleibt bei uns einiges hängen!

Was mich persönlich besonders bewegt: Drei Juden haben Europa ganz wesentlich geprägt: Moses, Jesus und Paulus. Moses durch die »Normen des Respekts« – genannt »zehn Gebote«, Jesus durch die Bergpredigt, Paulus durch seinen Glauben an Jesus als Christus und seine Reise nach Griechenland und Rom.

Kenner der Geschichte werden nun berechtigte Einwände erheben: Die Vertreter Christi hätten Jesus oft nicht verstanden und im Namen Christi viele Verbrechen begangen, hätten sich überhaupt nicht an Jesus gehalten, hätten ihn sogar missbraucht für maßlose Untaten. Sie hätten, von Kaiser Konstantin angefangen, Macht und Gewalt eingesetzt, um das Evangelium zu verbreiten, sie hätten Glaubensabweichler verfolgt, umgebracht, aufgehängt, gefoltert, in die Wüste geschickt; sie hätten Frauen unterdrückt, als Hexen verbrannt, Sklaverei bis vor wenigen Jahrhunderten ausgeübt und vor allem auch ungerechte soziale Strukturen als gottgewollt angesehen. Erst die Aufklärer hätten die Menschenrechte entdeckt, die soziale Gerechtigkeit gefordert, Demokratie eingeführt.

Das alles stimmt. Und Christen müssen viel und oft an die Brust klopfen, Schuld bekennen und versuchen, es heute besser zu machen. Viele Christen und auch die Kirchen tun sich immer noch schwer, Jesus Christus zu kennen und zu folgen. Das wird vermutlich bis ans Ende der Welt so sein.

Dennoch: Auch wenn die Menschenrechte erst von den Aufklärern entdeckt wurden, die zugrundeliegende Menschenwürde wurde im Judentum und Christentum entdeckt. Der erste Satz der deutschen Verfassung »Die Würde des Menschen ist unantastbar« hat seine historischen Wurzeln im Christentum. Das sieht man schon, wenn man auf andere Kulturen schaut.

Die Geschichte Europa war ein ständiges Ringen mit den Gedanken Jesu Christi. Das Ringen, das Drama ist oft schlecht gelungen. Manchmal aber bekam es einen Anstoß von bedeutenden Persönlichkeiten. Diese möchte ich zum Schluss nennen.

Die Leuchttürme, denen ich in Rom begegnet bin, sind: Der Apostel Paulus, die Ordensgründer Ignatius von Loyola, Franz von Assisi und Dominikus, die herausragenden Frauen Katharina von Siena, Birgitta von Schweden, Edith Stein, Mutter Teresa, die herausragenden Theologen Augustinus, John Henry Newman, Dietrich Bonhoeffer und Karl Rahner.

Auch sie haben europäische Geschichte geschrieben. Sie standen auf den Schultern der Menschen, die in Rom lieber unter Folter starben als Christus zu verleugnen. Die leidenden Glaubenszeugen haben den Anhängern der alten römischen Religionen den Anstoß, gegeben, über den Glauben an Jesus Christus nachzudenken. Ihr Zeugnis überzeugte.

Eine Gefahr in Europa heute besteht meines Erachtens in der mangelnden historischen Bildung, in einer oft einseitigen Ausbildung, in touristischer Oberflächlichkeit, im Pragmatismus.

Die Person, die Europa am allermeisten geprägt hat, kommt aus dem Nahen Osten. Es ist der Mann am Kreuz, Jesus von Nazareth.

Anmerkungen

1. Alle Bibeltexte sind der Einheitsübersetzung (2016) entnommen.
2. https://www.meine-gebete.info/hl-ignatius-von-loyola-exerzitien-gebete/[aufgerufen am 09.04.2021]
3. Wer dieses Gebet singen möchte, findet es im Gebetbuch »Gotteslob« unter der Nr. 666,4.
4. Aus: Franz von Assisi, Zur Flamme werden, Weisheiten des Herzens, Gütersloher Verlagshaus, ohne Seitenangabe.
5. https://de.wikipedia.org/wiki/Die_10_Gebote_der_Gelassenheit [aufgerufen am 09.04.2021]
6. Aus »Wider das Papsttum, vom Teufel gestiftet« – Martin Luther, neu übertragen von Richard Steinheimer, 2017, S. 27.
7. Das Betbüchlein Lutheri, hg. von Lorenz Kraussold, Fürth (Schmid) 1833, S. 204f.
8. Dieses Gebet hing in einigen der Häuser von Mutter Teresa. Manche meinen, es stamme von ihr.
9. https://de.wikipedia.org/wiki/Anima_Christi [aufgerufen am 09.04.2021]
10. Archivio della Congregazione degli Affari Ecclesiastici Straordinari, Germania, 4. Periodo, Pos. 643, Fasc. 158, Bla 16r-.17r. und in »Stimmen der Zeit«, 1. März 2003.
11. Ansprache von Professor Wolfgang Huber in Rom am 3.5.2007 – www.ekd.de/070503_huber_rom.htm [aufgerufen am 15.01.2020].
12. Judith Braun, Dietrich Bonhoeffer, gemeindepädagogisches Wirken im Rahmen eines Kirchenverständnisses«, V/R – Unipress 2019, S. 143.
13. Dietrich Bonhoeffer, Gesammelte Schriften, Verlag Kaiser 1974, S. 70.
14. Dietrich Bonhoeffer, Jugend und Studium 1918 – 1927, hg. von Hans Pfeifer, Gütersloher Verlagshaus 1986, S. 111.
15. Dietrich Bonhoeffer, Werke, Band 16, S. 468.
16. Bonhoeffer, Dietrich: Italienreise. Gütersloher Verlagshaus 2012, S. 105.
17. Ebenda, S. 51.
18. Ebenda, S. 90.
19. Dieses Gebet ist mit Noten auch im Gotteslob unter der Nr. 430 zu finden.
20. »Newman und Rom« von International Centre of Newman Friends übernommen aus: Family Publications, »John Henry Newman in His Time«, von Dr. Brigitte Maria Högemann FSO, Oxford 2007, S. 2.
21. Ebenda, S. 3.
22. Ebenda, S. 4.
23. Ebenda, S. 6.
24. Ebenda, S. 8f
25. Ebenda, S. 10.
26. Ebenda, S. 15.
27. Ebenda, S. 27f.
28. Seliger John Henry Newman, Betrachtungen über die christliche Lehre in: Betrachtungen und Gebete, Im Kösel-Verlag, München 1952, S. 148-149.

29 Giuseppe Marconi, Kurzgefasste Lebensgeschichte des Dieners Gottes Benedikt Joseph Labre, eines Franzosen, Augsburg 1787, das Zitat: http://www.katholische-kirche-kassel.de/bendikt_labre_patron_der_bettler_und_penner.php [aufgerufen am 09.04.2020].
30 https://gemeinden.erzbistum-koeln.de/gubbio_obdachlosenseelsorge/inhalte/religioese-texte/[aufgerufen am 23.01.2020].
31 Karl Rahner, Ich glaube an Jesus Christus, Einsiedeln 1968, S. 8. Auch zitiert in https://jesuiten.at/blog/2017/12/06/zweifeln-nicht-verzweifeln-wie-heilige-den-glauben-in-frage-stellen/[aufgerufen am 09.04.2021].
32 Rahner, Ich glaube an Jesus Christus, S. 37f.
33 Ebenda S. 33f.
34 Karl Rahner, Das große Kirchenjahr, Geistliche Texte, Herder 1987, S. 97f.
35 J.W.Goethe, Italienische Reise, Erster Teil, Der Tempel-Verlag, in Leipzig, ohne Jahr, S. 130-131, oder: https://www.textlog.de/7113.html [aufgerufen am 09.04.2021].
36 https://www.projekt-gutenberg.org/goethe/gedichte/chap074.html [aufgerufen am 04.04.2021].
37 https://www.gutzitiert.de/zitat_autor_johann_wolfgang_von_goethe_thema_beten_zitat_5278.html [aufgerufen am 04.04.2021].
38 Irene Heise, Geistliches Forum Katharina von Siena, Wien, http://www.standardtanz.net/Gebet%20Hingabegebet.pdf [aufgerufen am 09.04.2021].
39 Die Tagespost, 26. 8. 2008, »War Frère Roger katholisch oder Protestant?« Aussage von Kardinal Kaspar.
40 Frère Daniel von Taize über Frère Roger Schütz, s. https://www.deutschlandfunk.de/taize-gruender-frere-roger-er-hat-uns-mitgerissen.886.de.html?dram:article_id=319450 [aufgerufen am 09.04.2021].
41 Ebenda.
42 Dieses sehr bekannte Gebet ist auch im Gotteslob 7,2 zu finden.
43 https://trostfinden.com/gebetstexte/332-gebete-der-hl-britta-von-schweden [aufgerufen am 06.04.2021].
44 https://www.kathtreff.org/blog/steh-auf-gebet-von-papst-johannes-paul-ii-am-8-juni-1986/[aufgerufen am 09.04.2021].
45 https://brotundglanz.blogspot.com/2017/11/fur-mich-ist-jesus-christus-alles-pedro.html#more [aufgerufen am 06.04.2020].
46 https://www.liederkiste.com/index.php?s=when-israel-was-in-egypts-land&l=de [aufgerufen am 09.04.2021].
47 http://www.theresia-lisieux.com/heilige-theresia-von-lisieux/gedichte-heilige-theresia-von-lisieux/[aufgerufen am 09.04.2021].
48 Die Bekenntnisse des heiligen Petrus Canisius SJ und sein Testament. Aus dem Lateinischen übersetzt und herausgegeben von Johannes Metzler SJ, Mönchengladbach 1925, S. 54.
49 https://www.praedica.de/Heilige-Feste/0427_Kanisius.htm [aufgerufen am 09.04.2021].

50 https://holyzont.wordpress.com/2017/04/21/papst-benedikt-xvi-wollte-dieses-gebet-verbreiten/ [aufgerufen am 09.04.2021].
51 https://www.deutschlandfunkkultur.de/trappistenmoench-thomas-merton-gott-liebt-es-in-deiner.1124.de.html?dram:article_id=352270 [aufgerufen am 09.04.2021].
52 http://www.erzbruderschaft.va/content/camposantoteutonico/de/erzbruderschaft/geschichte.html [aufgerufen am 09.04.2021].
53 https://franziskaner.net/der-sonnengesang/ [aufgerufen am 09.04.2021].
54 https://www.vaticannews.va/de/papst/news/2020-03/corona-franziskus-gebet-urbi-et-orbi-petersplatz.html [aufgerufen am 09.04.2021].
55 https://www.regnumchristi.eu/de/component/k2/item/2305-nun-bitten-wir-den-heiligen-geist [aufgerufen am 09.04.2021].
56 https://www.katholisch.de/artikel/4823-die-frau-der-grossen-worte [aufgerufen am 09.04.2021].
57 Ebenda.
58 https://www.erzbistum-muenchen.de/pfarrei/pv-mariahilf-st-franziskus-muenchen/pv-mariahilf-st-franziskus-muenchen/mut-mach-gebete/99093 [aufgerufen am 09.04.2021].
59 https://www.dbk.de/presse/aktuelles/meldung/gebet-von-papst-franziskus-fuer-die-jugend [aufgerufen am 09.04.2021].
60 Dieses Gebet ist außerordentlich weit verbreitet und wird häufig zitiert. Es ist auch im Gotteslob unter 19,4 zu finden.
61 https://en.wikipedia.org/wiki/Komm,_Sch%C3%B6pfer_Geist,_kehr_bei_uns_ein [aufgerufen am 09.04.2021].
62 https://downloads.eo-bamberg.de/5/438/1/14481492059659379393.pdf [aufgerufen am 15.04.2021].
63 https://gloria.tv/post/yG6mpvjkRJwM4dcpLLgYkyEiP [aufgerufen am 15.04.2021].
64 http://abbatiscella.blogspot.com/2007/06/gebet-zum-heiligen-sebastian-dem.html [aufgerufen am 15.04.2021].
65 https://gemeinden.erzbistum-koeln.de/gubbio_obdachlosenseelsorge/inhalte/religioese-texte/ [aufgerufen am 23.01.2020]
66 Gudrun Sailer, Monsignorina, Münster 2014, S. 203.
67 Gudrun Sailer, Monsignorina S. 198.
68 Gudrun Sailer, Monsignorina S. 280.
69 Gudrun Sailer, Monsignorina S. 280.
70 https://docplayer.org/273525-Der-heilige-paulus-leben-in-christus.html [aufgerufen am 15.02.2021].
71 Aus dem Gebet des Kreuzwegs, Gotteslob 5,2.
72 https://de.wikipedia.org/wiki/O_du_hochheilig_Kreuze. S. auch Gotteslob 294,1–4.–9.
73 http://www.arbeitskreis-katholischer-glaube.com/texte/heilige_christusjuenger/bekehrung__des_alphons_ratisbonne.htm [aufgerufen am 16.04.2021].
74 https://www.mat.univie.ac.at/~neum/sciandf/ger/teresa.html [aufgerufen am 16.04.2021]
75 Der Text stammt von Paul Gerhardt aus dem Jahr 1626. Er ist im Gotteslob unter Nr. 289,1.7–8 zu finden.

Abbildungsnachweis

S. 10 © Jean-Pol Grandmont/Wikimedia Commons, CC BY 4.0; S. 13 © Marie-Lan Nguyen/Wikimedia Commons, CC BY 2.5; S. 18 © Hugo DK/Wikimedia Commons, CC BY-SA 4.0; S. 23 Archiv Schnell & Steiner; S. 28, S. 31, S. 35 © privat; S. 38 © Peter1936F/Wikimedia Commons, CC BY-SA 3.0; S. 45 © Manfredo Ferrari/Wikimedia Commons, CC BY-SA 4.0; S. 49 gemeinfrei; S. 51 © Petar Milošević/Wikimedia Commons, CC BY-SA 4.0; S. 54 © akg images, S. 61 Archiv Schnell & Steiner; S. 70 ©epd-bild/Gütersloher Verlagshaus; S. 76 Archiv Schnell & Steiner; S. 82 © PeeJee, PJ Margry/Wikimedia Commons, CC BY-SA 4.0; S. 86 Archiv München, Zentraleuropäische Provinz der Jesuiten; S. 91 ©Wolfgang Moroder/Wikimedia Commons, CC BY-SA3.0/2.5/2.0/1.0; S. 96 © Hreid/Wikimedia Commons, CC BY-SA3.0/2.5/2.0/1.0 ; S. 103 Copyright 2016, KNA GmbH, www.kna.de, All Rights Reserved; S. 109 gemeinfrei; S. 116f. © Gugganij/Wikimedia Commons, CC BY-SA 3.0; S. 124 © Joerg Bittner/Wikimedia Commons, CC BY 3.0; S. 129 Archiv Schnell & Steiner; S. 133 gemeinfrei; S. 139 gemeinfrei; S. 143 Archiv Campo Santo Teutonico, Foto Erwin Reiter, Haslach; S. 150 Copyright 2018, KNA (www.kna.de). Alle Rechte vorbehalten; S. 154 © Didier Descouens/Wikimedia Commons, CC BY-SA 4.0; S. 158 ©Miguel Hermoso Cuesta/Wikimedia Commons, CC BY-SA 4.0; S. 163 ©akg images; S. 169 ©Rabax63/Wikimedia Commons, CC BY-SA4.0; S. 172 gemeinfrei; S. 176 ©Paul Hermans/Wikimedia Commons; S. 181 © Livioandronico2013/Wikimedia Commons, CC BY-SA 4.0; S. 185 ©akg images; S. 191 © Alamy Stock; S. 198 © Alamy Stock; S. 202 ©Warburg/Wikimedia Commons, CC BY-SA 3.0; S. 206 Archiv Schnell & Steiner; S. 211 ©Peter1936F/ Wikimedia Commons, CC BY-SA 4.0; S. 215 © Fczarnowski/Wikimedia Commons, CC BY-SA 4.0; S. 222 © Rabax63/Wikimedia Commons, CC BY-SA 4.0; S. 225 © Wikipedia/joadl/Cc-by-sa-3.0-at; S. 230 © Rabax63/Wikimedia Commons, CC BY-SA 4.0

Trotz intensiver Bemühungen war es nicht in allen Fällen möglich, die Rechteinhaber der Abbildungen ausfindig zu machen. Berechtigte Ansprüche werden im Rahmen der üblichen Vereinbarungen abgegolten.

Umschlagabbildungen:

Die Kuppel von St. Peter.

Porträts obere Zeile (von links nach rechts):
Edith Stein, Philipp Neri, Dominikus, Theresa von Avila, Martin Luther.

Porträts untere Zeile (von links nach rechts):
Kardinal John Henry Newman, Mutter Theresa, Galileo Galilei,
Franziskus von Assisi, Thérèse von Lisieux

Bibliographische Informationen der Deutschen Nationalbibliothek:
Die Deutsche Nationalbibliothek verzeichnet diese Publikation
in der Deutschen Nationalbibliographie; detaillierte bibliographische Daten
sind im Internet über http://dnb.de abrufbar.

1. Auflage 2021
© 2021 Verlag Schnell & Steiner GmbH,
Leibnizstraße 13, 93055 Regensburg
Umschlaggestaltung: Anna Braungart, Tübingen
Satz: typegerecht berlin
Druck: Gutenberg Beuys Feindruckerei GmbH, Langenhagen

ISBN: 978-3-7954-3521-9

Alle Rechte vorbehalten. Ohne ausdrückliche Genehmigung des Verlags ist
es nicht gestattet, dieses Buch oder Teile daraus auf fototechnischem oder
elektronischem Weg zu vervielfältigen.

Weitere Informationen zum Verlagsprogramm erhalten Sie unter:
www.schnell-und-steiner.de